리플유머

세상의 중심에서
유머를 외쳐라

박영만 엮음

리플유머

세상의 중심에서 유머를 외쳐라

개정판 1쇄 인쇄 2010년 11월 10일
개정판 1쇄 발행 2010년 11월 15일

기획 | 오지현
홍보 | 박혜선
펴낸곳 | 프리윌 출판사
     등록번호: 제2005-31호   등록년월일: 2005년 05월 06일
주소 | 경기도 고양시 일산구 주엽동 90번지 강선마을 1703동 103호
전화 | 031-813-8303, 팩스 031-922-8303

디자인 | 김왕기
E-mail | yangpa6@hanmail.net

© 프리윌출판사, 2010
ISBN 978-89-93379-10-5   03810

*책 값은 뒷표지에 있습니다. 잘못된 책은 구입처에서 교환해 드립니다.

리플유머

세상의 중심에서
유머를 외쳐라

박영만 엮음

프리윌

들어가는 말

21세기는 유머를 요구하는 시대이다. 21세기에서 유머의 감성적 지성과, 지성적 감성은 우리의 지각 능력과 인식 체계 전반에 대한 변화를 주도하는 중요한 생활양식이 될 것이다.

과거에는 비슷한 학벌과 사회적 지위와 직업으로 분류되고 구분되어, 이렇다할 인간적 매력이 없어도 그럭저럭 교제와 사교가 가능했다. 그러나 현재와 미래에는 예의와 격식보다 활기와 재미를 요구한다.

따라서 다양성을 갖추지 못하면, 고만고만한 사람들이 모여 그렇고 그런 이야기를 나누다가 지루함과 권태로움에 빠지게 되고 예의와 격식으로 그것을 은폐시키던가, 아니면 값싼 활력을 불어넣고자 술잔을 돌리기 시작한다. 그러나 그러면 그럴수록 더욱 침체와 정체의 늪에 빠지게 된다. 이럴때 필요한 것이 바로 유머의 감성적 지성이다.

유머는 과포화상태에 이른 문명과 생활 문화 속에서 낡은 질서를 벗어던지고, 새로운 질서를 만들어낼 것을 소망하는 지성의 자각이다. 이것은 이성적으로 설명되고 밑줄 긋고 외울 수 있는 정형화된 지식과 다르다. 이것은 일종의 증후로써 대중적 차원에서 반응하는 폐기와 건설의 시대적 예감이다.

프랑스의 철학자 베르그송은 '웃음은 고뇌로부터의 해방이다. 웃음은 경직성을 유연성으로 교정하고 각 개인을 다른 사람과 조화할 수 있도록 재 적응시키며, 날카로운 모서리를 둥글게 한다.'라고 말했다.
유머는 '보상과 관련된 뇌 네트워크를 활성화시킨다'는 연구 결과도 있다. 스텐포드 대학 알렌 라이스 박사는 '유머는 인간의 심리적·신체적 건강에 영향을 끼치고, 우정을 나누거나 지속적인 이성관계를 유지하는 데도 영향을 준다. 유머는 스트레스를 해소시키는 전 세계적 공통 도구 이다'라고 말했다.
유머는 문화나 계급, 출신, 나이 등의 차이를 자유롭게 넘나드는 '위대한 평형장치'로서 계층간, 세대간 어우러짐을 가능케 해 줄뿐 아니라, 구세대에게 신세대적인 감각을 부여함으로서 정신적 회춘이 가능하게끔 해준다.

역설처럼 들릴지 모르나, 단순하다는 것은 소화할 수 있다는 것을 의미하는 동시에 또한 성숙이라는 것도 의미한다. 유머가 사고 작용의 단순성을 조성한다는 것은 주지할 만한 사실이다. 이론가들이 지나치게 개념의 포로가 되어 있는 데 반해, 유머리스트는 사실 그 자체에 접근해 간다.

유머리스트는 현실과 부단히 접촉하고 있는지라, 늘 탄력성이 있고, 경쾌하고, 섬세한 묘미를 추구하게 된다. 그래서 모든 형태의 점잖은 척 하는 가식, 우아한 척 하는 허위, 현학적인 오만, 권위적인 언행 따위들은 겸손하고도 요령 있는 방법으로 축출 당하고 만다.

유머리스트가 볼 때, 이(利)와 의(義)에만 급급한 사람은 그저 가소로울 뿐이다. 유머의 경지는 심원하고 초탈한 것이어서 화를 낼 줄 모르고 그저 웃을 줄만 안다. 유머는 우리가 '인생은 허무와 허위라는 사실'을 꿰뚫어보게 된다 하더라도, 환멸의 고통보다는 한바탕 웃음으로 날려버릴 수 있게 해준다.

유머리스트는 이상에 눈먼 공상가도 아니요, 세속에 찌든 욕심 꾼도 아니다. 그들은 중용의 도를 터득한 인생애호가들이다. 이상세계와 현실세계를 절묘하게 결합시켜주는 끈, 그 유머를 세상의 중심에서 소리 높여 외쳐보라. 그러면 초월적 효과가 있는 유머는 우리의 심령을 발전시키는 한 떨기 꽃으로 피어날 것이다. 이상주의자는 현실이라는 벽에 머리를 부딪치고 나서도 과격한 충격을 받지 않을 것이며, 현실주의자는 팽팽한 긴장을 조용히 누그러뜨릴 수 있을 것이다. 이상주의자가 환멸을 없애면 충격의 고통이 적어질 것이고, 현실주의자가 긴장을 없애면 좀더 오래 살 것이다.

2010년 11월 박 영 만

내용보기

제1장 유머시기

1. 우습구려 · 17
2. 우습제 · 19
3. 우스워라 · 21

제2장 꼬리가 개를 흔들면

달팽이와 지렁이 · 25
달팽이의 속도 · 27
달팽이의 집념 · 28
개미와 코끼리 1 · 29
개미와 코끼리 2 · 31
개미와 코끼리 3 · 32
거북이 삼 형제 · 33
토끼와 호랑이 · 35
참새와 포수 · 37
수탉의 가출 · 38
멸치 부부의 금슬 · 39
할아버지와 개구리 · 40
앵무새 · 42
보은이냐 거래냐 · 43

주유소에서 생긴 일 · 44
고양이 버리기 · 45
서커스단 단장과 오리 · 46
무사들의 검술 시합 · 47
세 마리의 파리 · 48
동물 소리 · 49
모기떼 · 50
개 꼬리 · 51
불 속에 뛰어든 개 · 52
기특한 개 · 53
수게의 다짐 · 54
동물들의 가치관 붕괴 현상 · 55
무당벌레의 사기 행각 · 56
능구렁이의 종말 · 57
지렁이 이혼소송 · 58
토끼들의 성형수술 · 59
토끼들의 신종 범죄 · 60
파렴치한 집쥐 일당 · 61
치와와의 재범 · 62
물개의 기자회견 · 63

쇠똥구리들의 내기 도박 · 64
낙동강 오리알 도난 사건 · 65
거북이 뺑소니 사건 · 66
고양이의 죽음 · 67
용감한 갈치 · 68
낙타와 개구리와 두꺼비 · 69
반달곰과 북극곰 · 70
모기 방역 사건 · 71
용궁예식장 누전 사고 · 72
꽃게의 불운 · 73
발바리의 반항 · 74
마약 탐지견들의 노동 투쟁 · 75
일개미들의 노동 투쟁 · 76

제3장 물로 칼 베기

하나님의 의도 · 79
아담의 맹세 · 80
아내의 제안 · 81
문제의 기원 · 82
하나님의 대답 · 83

할인을 하면 · 85
판단의 근거 1 · 86
판단의 근거 2 · 87
배우자 선택 기준 · 88
주례비 · 90
염라대왕의 실수 · 91
한심한 경비원 · 93
여자 낚시꾼 · 94
얕은 꾀 · 95
결혼 작전 · 96
양계장 차리기 · 97
문자 메시지 · 98
존댓말을 쓰는 이유 · 99
이상한 싸움 · 101
남편의 사랑 · 103
신문 · 104
외출 준비 · 105
버릇 고치기 · 106
거짓말 탐지기 · 107
구두 한 짝 · 108

얼떨결의 변명 · 109
버려진 남편 · 110
아내의 반격 · 111
부창부수 · 112
평화조약 · 113
충돌 그 이후 · 114
훌륭한 데가 있는 남편 · 115
구별법 · 116
결혼 비용 · 117
부인의 구박 · 118
납치범의 협박 · 120
남자의 유언 · 121
헌 구두 · 122
어떤 공지사항 · 123
사탄과 노인 · 124
비운의 장희빈 · 125

정신병자의 한마디 · 131
남편의 기막힌 아이디어 · 132
할아버지와 세관원 · 133
위조지폐 · 135
그 사장에 그 직원 · 136
민망해진 사장님 · 137
단호한 조치 · 138
신입사원의 대답 · 140
두 어머니의 자식 걱정 · 141
이심배반 · 142
시어머니의 메모 · 143
두 팔이 없는 사나이 · 145
남자가 우는 이유 · 146
생활비 조달 · 148
8억원 만들기 · 149
가련한 것들 · 151
여자와 면허증 · 152
바보 같은 소리 · 154
문맹자와 경찰관 · 155
전과 후 · 157

제4장 돌 위에 떨어진 힘아리

어휴 · 129
정말 짜증나는 일 · 130

훌륭한 아이디어 · 158

골프광 · 159

엄마의 태클 · 160

꼬마의 대답 · 161

쉬는 날 · 162

속도 위반 · 163

거짓말 · 164

두 꼬마의 입씨름 · 165

원인 · 166

하나님의 소재 · 167

꼬마의 공로 · 169

본의 아닌 가르침 · 170

하나님과의 관계 · 171

지구 최후의 날 · 172

박쥐 퇴치법 · 173

아주 높은 사람 · 174

목사와 총알택시 운전사 · 176

목사와 할아버지 · 177

목사와 할머니 · 178

축복 · 179

동업자 · 180

아가씨의 신심 · 182

범인 · 183

거짓말 테스트 · 184

일요일 아침에 생긴 일 · 185

인간의 도전 · 186

원천징수 · 188

감사기도 · 189

대출 부탁 · 190

하나님의 시간 · 191

제5강 똑똑한 바보

거절 · 195

판매 비결 · 196

여자의 재치 · 197

현대과학의 이해 · 198

혐의 부인 · 199

증인 · 200

약장수의 신상 기록 · 201

산부인과에서 생긴 일 · 202

오판의 원인 · 203

추위의 정도 · 204

회사의 크기 · 205

서비스의 속도 · 206

최대의 불황 · 207

부자의 사연 · 208

부자가 되는 비결 · 209

슬픈 이유 · 210

영락한 두 노인 · 211

서로 다른 두 사람 · 212

깨달음의 소감 · 213

훌륭한 계시 · 214

소원 말하기 · 215

현자의 훈계 · 217

뼈다귀 · 218

고양이 찾기 · 219

원점 · 220

가장 좋아하는 단어 · 221

우주인 선발 · 222

당첨금 분배 방법 · 224

바로 그것 · 226

실수했을 때 · 228

공약 이행 · 229

원장의 항변 · 230

농촌 유세 · 231

두 표의 주인공 · 232

부정 선거 · 233

세금 문제 · 234

불량식품 · 235

멋진 반격 · 236

독재자의 우표 · 237

제6강 물이 술에게

취선의 대답 · 241

남편들에게 물어보니 · 242

남편의 말문 · 243

사내가 우는 뜻은 · 244

확실한 증거 · 245

아내의 착각 · 246

알코올 중독자의 퇴원 · 247

양주를 탄 수박화채 · 248

마리아의 기적 · 249

술꾼의 걱정 · 250

벽 속에 갇힌 사나이 · 251

할아버지의 말씀 · 252

사다리 · 253

술꾼의 맹세 · 254

그럴듯한 아이디어 · 255

아버지의 훈계 · 256

불량배들과 아저씨 · 258

심야의 전화 · 259

곧 일어날 소동 · 260

음주 측정 · 261

과속한 이유는 · 263

정글 탐험 · 264

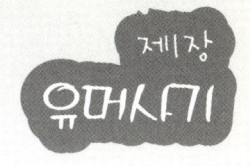

제1장
유머시리

어 귀야 배꼽을 빼이 오시라

1. 우습구려

유머사기(有某史記))의 기록에 따르면 지금으로부터 1515년 전, 우리나라에는 3국이 각축을 벌이고 있었다. 제일 북쪽에는 우습구려가 있었고, 그 아래에는 우습제, 제일 남쪽에는 우스워라가 위치하고 있었다.

3국 중 가장 강력한 웃음 국가였던 우습구려는 수도 중앙에 큰 호수인 우스울건덕지가 있었고, 정예군 우습군과 웃겼군을 보유하고 있었다. 우습구려는 개국 이래 가장 큰 전쟁이었던 우스워어를 치룬 후, 북쪽으로 와하하 강까지 세력을 확장했고, 남쪽으로는 경계선을 미소령 이남 오호호 호수까지 넓혔다.

임금인 유머왕은 이를 계기로 계속해서 배꼽정복사업을 펼쳤는데, 이를 '가가대소정책'이라 명명하였다.
이후 우습구려의 세력은 박장대소대왕 때 최대 전성기를 이루었으며, 광활한 만주 대륙을 석권하여 강력한 웃음제국을 이루었다.

그러나 이렇게 강력하던 우습구려도 갑작스런 왕권의 약화로 말미암아 멸망의 길을 걷게 되는데, 그 원인을 살펴보면 재미보장왕 25년 대막리지 만개소문(滿開笑文)이 죽자, 그의 아들 3형제 키득, 껄껄, 낄낄이 치열한 권력다툼을 벌이게 된다. 그리고 이러는 동안 백성들의 얼굴에서는 점차 웃음이 사라지게 되고, 국력이 쇠약해진 틈을 타 우스워라와 우습당 연합군이 공격해 옴으로써 결국 멸망하게 된다.

리플 한마디

귀신같은 정책은 유머를 통달했고,
진취적 기상은 웃음을 드높였네.
공은 이미 높으니 웃고 삶이 어떠하오.
-여수장권유머시-

2. 우습제

우습제는 우리나라 남서쪽에 위치하고 있는 국가였다. 북쪽으로는 미소령 이남 오호호 호수를 사이에 두고 우습구려와 대치하고 있었으며, 동쪽으로는 곡창지대인 웃겨주세요강을 기점으로 우스워라와 접하고 있었다.

우습제는 강력한 세력인 우습구려와 맞서기 위해 우스워라와 동맹을 맺기도 했으며, 이 동맹을 위해 우습제에서 가장 아름다운 여인인 우습단마리아를 사신으로 보내, 우스워라의 맹춘추를 웃겨버린 사건은 유명한 일화이다.

이 나라 국민들은 연중 유머를 즐겼으며, 특히 외국 사람인 우스울소냐가 나오는 웃길깝쇼는 3국을 통틀어 가장 유명한 공연이었다.
또한 서쪽 웃음바다인 우리살람웃겨해를 통해 우습당과 활발한 웃음교역을 벌였고, 대단해 건너에 군대를 파견하여 웃겨본 영토인 '우습게도'를 토벌, 더 이상 웃겨바리들이 까불지 못하도록 하기도 했다. 각종 유머사(宥某史) 자료를 살펴보면, 웃겨본의 우습게도는 사실상 우습제가 하나의 유머현으로 편입시켜 다스리던 섬이었다.
그런데 오늘날 웃겨본이 우리나라의 '홀로웃어도'를 자기네 땅이라고 우기는 것은 동해바다 가자미가 웃을 일이다.

아무튼 웃자왕이 유머충신들의 유머를 귀담아 듣지 않고 3천 궁녀와 향락에 빠져 나라를 돌보지 않음으로써, 소백(笑伯)장군의 장렬한 웃음벌 싸움에도 불구하고, 우습구려와 마찬가지로 우스워라와 우습당 연합군에 의해 멸망하게 되었다.

리플 한마디

유머야 마음껏 웃기사,
어긔야 배꼽을 빼이오시라.
어긔야 어강됴리, 아으 다롱디리.

3. 우스워라

우스워라는 우리나라 남동쪽에 위치하고 있는 국가였다. 웃음을 숭상하는 이 나라에서는 웃음귀족 자제들을 선발하여 우스워랑제도를 운영하고 있었는데 '세계5번웃겨'와 '품위유머'를 그 근본정신으로 하고 있다.

특히, 우스워랑에서 가장 촉망받던 '아유신나지유'가 잠시 여색에 빠졌다가 곧 자신의 잘못을 뉘우치고, 스스로를 징계하기 위해 말의 목을 벤 사건은 유명한 일화이다. 그것은 나라의 동량이 될 우스워랑이 보조개 미인의 요염한 미소에 얼이 빠져서도 안 되고, 세계5번웃겨의 계율을 무너뜨려서도 안 된다는 교훈을 남기고 있다.

우스워라는 일찍이 남쪽에 위치한 웃다가야를 정복하여 세력을 확장하였고, 웃음 숭상 정신을 바탕으로 국력을 키워 우습구려와 우습제를 차례로 무너뜨림으로써, 결국 유머통일천하를 이룩하였다.

이후, 통일을 이룩한 우스워라는 전국에 9개의 웃음주와 5개의 유머경을 두고 웃음제도를 더욱 정비하는 한편, 잔잔한 미소로 태평성대를 이루어 각종 유머문물을 꽃피웠다.

통일 우스워라가 꽃피운 유머문물 중에서 가장 우수한 것으로는 웃음꽃 문양의 기와, 치면 웃음소리가 나는 종, 낄낄낄 장신구, 까르르 비단, 배시시 모시 등이 있고, 특히 집집마다 100평씩의 유머전(宥某田)을 나눠주어 함박꽃이 만발하게 한 것은 오늘날 우리나라 각 기업들이 외치고 있는 '유머경영'의 효시를 이루는 것이다.

리플 한마디

웃으리 웃으리랏다.
리플유머에 웃으리랏다.
웃을 일 없는 나도,
리플유머 읽고 웃니로라.
하하허허 히히히 호호호 깔깔.

제2장
꼬리가 개를 흔들면

조사결과 달팽이는 '혈중 달팽이엑기스 농도 0.5'인
상태에서 달음박질을 한 것으로 밝혀졌다.

달팽이와 지렁이

63빌딩 옥상에 달팽이 한 마리가 살고 있었다. 어느 화창한 봄날, 옥상 난간에서 놀던 달팽이가 아래를 향해 침을 뱉았다. 그런데 하필이면 지나가는 지렁이 이마 위에 그 침이 떨어졌다. 느닷없이 이마에 침을 맞은 지렁이는 화가 나서 달팽이를 올려다보며 막 욕을 퍼부었다.

"야, 이 미친 새끼야! 눈까리가 삐었어? 어디다 함부로 침을 뱉고 지랄이야? 할 일 없으면 잠이나 뒤비 잘 일이지 뭐 한다구 옥상 난간에 나와서 촐랑대구 그래!"

일부러 그런 것도 아닌데 듣자 하니 너무 심한 욕을 하는지라, 달팽이는 참을 수 없어서 아래를 내려다보며 지렁이에게 소리쳤다.
"야, 너 거기 꼼짝 말고 그대로 서 있어!"

그 후 달팽이는 자그마치 1년이나 걸려서 63빌딩을 내려왔다.

지렁이는 아직 그 자리에 서 있었다.

달팽이는 식식대며 지렁이에게 다가가 다짜고짜 멱살을 움켜잡고 말했다.

"너 이 자식, 옥상으로 따라와!"

리플 한마디

그로부터 1년 뒤, 가까스로 옥상에 도착한 달팽이는 뒤따라 온 지렁이에게 숨을 헐떡이며 말했다.
"됐어, 이제 가봐!"

달팽이의 속도

달팽이 두 마리가 조깅을 하다가 벤치에 앉아 쉬면서 서로 자랑을 늘어놓았다.
먼저 한 달팽이가 말했다.
"난 말이지, 100m를 8초에 달릴 수 있어. 달렸다 하면 도로 표지판이 마치 벽처럼 잇닿아 보이거든!"
그러자 다른 달팽이가 코웃음을 치며 말했다.
"그래? 난 세계에서 가장 빨리 달릴 수 있어. 내가 운동장을 달리다 보면 어느새 내 뒤통수가 보이거든!"

리플 한마디

치타가 타조에게 달려가 헉헉거리며 말했다.
"야. 내가 나무 뒤에 숨어서 들었는데. 달팽이들 무지하게 빨라. 우리보고 까불면 죽인데!"

달팽이의 집념

토끼와 거북이가 달리기 시합을 했다. 그런데 어이없게도 토끼가 지고 말았다. 잔뜩 골이 나서 식식대고 있는 토끼에게 달팽이가 위로를 한답시고 한마디 했다.
"야, 너무 실망하지 마라. 진 것은 진 것이니까 당당하게 인정하는 게 좋아!"
그러자 토끼는 화가 머리끝까지 나서 달팽이를 발로 냅다 걷어차버렸다.
그로부터 한 달 뒤, 바람이 쌩쌩 부는 어느 날 토끼네 집에 누군가 찾아왔다. 문을 연 토끼는 깜짝 놀라지 않을 수 없었다. 한 달전에 자신이 발로 찼던 그 달팽이가 문앞에 서 있었기 때문이다. 달팽이가 토끼를 노려보면서 말했다.
"야, 니가 1년 전에 나를 발로 찼냐?"

리플 한마디

머리에 붕대를 친친 감고 목발까지 짚은 달팽이를 상상해보라. 토끼는 용서를 구하지 않을 수 없을 것이다.

개미와 코끼리 1

몹시 화가 난 개미가 수영을 하고 있는 코끼리에게 소리쳤다.
"야, 코끼리!"

그러나 코끼리는 개미의 말은 들은 척도 않고 계속 수영만 했다. 그러자 개미가 더욱 큰 소리로 말했다.
"야, 코끼리! 너 이리 나와 봐."

기가 막힌 코끼리는 물속에 담갔던 거대한 몸을 불쑥 솟구치며 개미에게 다가와서 물었다.
"왜?"

개미는 물 밖으로 나온 코끼리의 위아래를 훑어보더니, 목소리를 낮추면서 말했다.
"됐어, 들어가 봐!"

코끼리는 너무나 어처구니가 없었다. 그러나 체면도 있고 해서 조용히 개미에게 물었다.
"근데, 왜 나오라고 한 거냐?"

그러자 개미는 별일 아니라는 듯 자신에게 튀긴 물방울을 털며 말했다.
"어떤 놈이 내 수영복을 훔쳐갔잖아. 난 니가 내꺼 입은 줄 알았지!"

리플 한마디

코끼리는 화를 꾸~욱 눌러 참으면서 말했다.
"니 껀 나한데 너무 커!"

개미와 코끼리 2

늙은 개미 한 마리가 길을 가다가 코끼리한테 밟혀 죽었다. 사태가 이렇게 되자, 죽은 개미의 아들 삼형제가 복수를 하기로 결심하고 코끼리를 찾아 나섰다.

3일 만에 코끼리를 찾아낸 개미 삼형제는 일단 코끼리를 길 구석으로 몰아넣고 맏형은 목에, 둘째는 등에, 막내는 꼬리에 달라붙었다.

맏형이 동생들에게 말했다.

"애들아, 이 자식 목 졸라 죽여버리자!"

그러자 둘째가 말했다.

"아냐 형, 콱 밟아 죽여버리는 게 낫겠어!"

그러자 막내가 말했다.

"그러지 말고 우리 집에 끌고 가서 이쑤시개로 찔러 죽이자!"

리플 한마디

이쑤시개로 코끼리를 죽이는 방법 세 가지
1. 죽을 때까지 찌른다.
2. 죽기 바로 직전에 찌른다.
3. 한번 찌르고 나서 죽을 때까지 기다린다.

개미와 코끼리 3

거대한 코끼리가 낮잠을 자고 있었다. 그런데 개미가 등산을 한답시고 배낭을 메고 코끼리 배 위로 올라갔다. 깜짝 놀라 잠에서 깬 코끼리가 개미에게 소리쳤다.
"야 임마, 무겁다. 내려가라!"
그러자 개미가 앞발을 번쩍 치켜들면서 소리쳤다.
"조용히 해 자슥아, 콱 밟아 죽이기 전에!"
그러자 마침 이 광경을 지켜본 하루살이가 혼자 중얼거렸다.
"세상에, 오래 살다 보니 별 꼬라지 다 보겠네!"

한마디
는 간덩이가 부은 것이고, 하루살이는 명줄이 늘어난 것이다.

거북이 삼 형제

거북이 삼 형제가 소풍을 갔다. 그런데 점심때가 되어 김밥을 먹으려고 보니 물이 없었다. 거북이 삼형제는 가위바위보를 해서 진 거북이가 물을 뜨러 가기로 했다.
가위바위보를 한 결과 막내 거북이가 물을 뜨러 가게 되었다. 막내 거북이는 자기가 물을 뜨러 간 사이 형들이 김밥을 다 먹어치울까봐 걱정이 되어서 이렇게 말했다.
"형들, 김밥 먼저 먹지 마!"

그후 막내 거북이가 물을 뜨러 간 사이, 형들은 등껍질 속에 머리를 집어넣고 동생을 기다렸다.
하루… 이틀…
1년… 2년…

그러나 아무리 기다려도 막내는 돌아오질 않았다. 기다림에 지친 형들은 더 이상 배고픔을 참지 못하고 김밥을 딱 하나씩만 먹기로 했다.

그래서 그들이 막 김밥을 먹으려는 순간, 물을 뜨러 간 줄 알았던 막내 거북이가 바위 뒤에서 얼굴을 불쑥 내밀며 소리쳤다.
"형들, 그런 식으로 나오면 나 물 뜨러 안 간다!"

리플 한마디

결국 그들은 생수를 배달시켜 먹었다. -바위의 증언-

토끼와 호랑이

열흘 동안 굶은 호랑이가 있었다. 호랑이는 먹이를 찾아다니다가 드디어 어설프게 쭈그리고 앉아 있는 토끼를 발견하고 한 발에 낚아챘다. 그러자 토끼가 이렇게 말했다.
"이거 놔 임마!"

순간, 어안이 벙벙해진 호랑이는 얼떨결에 토끼를 놔주었다. 상상도 못할 말에 호랑이는 심한 충격을 받았던 것이다.

다음날, 아직 충격에서 깨어나지 못한 채 숲 속을 이리저리 방황하던 호랑이가 다시 토끼를 발견하고 이번에도 한 발에 낚아챘다. 그러자 토끼 말했다.
"나야 임마!"
또다시 엄청난 충격에 휩싸인 호랑이는 얼른 토끼를 얼른 놔주었다. 그리고 차츰 자신의 어리석음을 깨닫고는 속으로 다짐했다.
"이번에 잡으면 한입에 삼켜버리겠다."

다음날, 호랑이는 또 토끼를 잡았다. 그런데 이번엔 그 토끼가 아니었다. 하지만 호랑이는 그 토끼가 한 말에 그만 쇼크를 받아 죽고 말았다.
그 토끼가 이렇게 말했던 것이다.
"소문 다 났어, 임마!"

리플 한마디

토끼는 살아서 소문을 남겼고, 호랑이는 죽어서 불명예를 남겼다. -숲속나라 속담-

참새와 포수

전깃줄에 부부 참새가 앉아 있었다. 이때 포수가 아내 참새를 겨냥했다. 꼼짝없이 죽게 된 아내 참새가 다 죽어가는 목소리로 남편 참새에게 말했다.

"내가 죽거든 장가가지 말고, 아이들 잘 키우고, 밥은 제때 찾아 먹고, 술 많이 마시지 말고, 일찍 집에 들어와서 청소도 좀 하고, 옷은 자주 빨아 입고, 밤에 청승 떨지 말고, 어쩌구저쩌구, 궁시렁 궁시렁, 짹짹짹 짹짹짹…"

그러자 듣다 못한 남편 참새가 포수에게 소리쳤다.
"아저씨, 얼른 쏴주세요!"

리플 한마디

에구, 가륵한 아내 참새… 그리하여 포수는 남편 참새를 쐈다.

수탉의 가출

닭 부부가 부부싸움을 한 끝에 수탉이 가출을 해버렸다.
밤늦도록 수탉이 돌아오질 않자, 암탉이 자신의 잘못을 뉘우치면서 불현듯 걱정이 되어 남편을 찾아 나섰다.
암탉은 동네방네 돌아다니며 남편을 애타게 불러댔다.
"계란이 아빠! 계란이 아빠!"

리플 한마디

암탉이 나간 사이 계란이 아빠는 얼른 집에 돌아와서 설거지를 했다. 어린 계란이는 아빠가 왜 갑자기 안 하던 설거지를 하는지 그 이유를 알 수 없었다.

멸치 부부의 금슬

금슬 좋은 멸치 부부가 오랜만에 다시마 숲으로 산책을 나갔다가 그만 어부에게 잡히고 말았다.

그러자 남편 멸치가 아내 멸치를 돌아보며 비장한 표정으로 말했다.
"여보, 우리 우거짓국에서 다시 만나요!"

리플 한마디

사랑이란 또 다른 길을 찾아 두리번거리지 않고, 그리고 혼자서는 가지 않는 것. -우거짓국 시래기의 말-

할아버지와 개구리

고적한 숲 속에 나무꾼 할아버지가 혼자 외로이 살고 있었다. 어느 날 할아버지가 나무를 하고 있을 때, 갑자기 숲 속에서 개구리 한 마리가 튀어나와 할아버지에게 말을 건넸다.
"할아버지, 제게 입을 맞춰주시면 제가 예쁜 여자가 되어드릴게요."

그러나 할아버지는 아무 대꾸도 않고 개구리를 나무 등걸 위에 올려놓은 다음, 열심히 도끼질을 했다.

답답해진 개구리가 다시 할아버지에게 상냥스럽게 말했다.
"할아버지, 할아버지가 제게 입을 맞춰주시면 제가 예쁜 아내가 돼드린다니까요."

그러자 할아버지는 나무 등걸 위에 있는 개구리를 그냥 자기 호주머니에 집어넣었다. 이제 주머니 속에 갇히게 된 개구리는 화가 나서 할아버지에게 큰 소리로 대들었다.

"할아버지, 도대체 왜 그러세요? 제가 예쁜 아내가 돼드린다고 했잖아요?"

그러자 할아버지는 도끼질을 멈추고, 주머니를 툭툭 치면서 말했다.
"너도 내 나이 돼봐. 개구리랑 얘기하는 게 더 재미있어!"

리플 한마디

주여, 나는 외롭고 외롭사오니 내게 돌이키사 나를 긍휼히 여기소서. -개구리의 기도-

앵무새

두 마리의 앵무새가 있었다. 한 마리는 독실한 기독교 신자의 앵무새였고, 한 마리는 불신자의 앵무새였다. 기독교 신자의 앵무새는 늘 '기도합시다! 기도합시다!' 하는데, 불신자의 앵무새는 늘 '키스합시다! 키스합시다!'라고 했다. 그래서 기독교 신자는 불신자를 설득하여 두 마리의 앵무새를 같은 새장에 넣기로 했다. 함께 있으면 '기도합시다' 앵무새가 '키스합시다' 앵무새에게 감화를 주어 두 마리 다 '기도합시다!'로 바뀔 수 있다고 생각했기 때문이었다.

며칠 뒤, 두 사람은 앵무새의 변화를 살피기 위해 함께 새장 앞으로 갔다. 그런데 '키스합시다' 앵무새는 여전히 '키스합시다!'를 반복하고 있었고, '기도합시다' 앵무새는 백팔십도 달라져서 이렇게 반복하고 있었다.

"하나님, 제 마음속 기도를 들어 주셔서 감사합니다! 하나님, 제 마음속 기도를 들어주셔서 감사합니다!"

리플 한마디

기도는 마음의 드러남이고, 믿음은 바라는 것들의 실상이다.

보은이냐 거래냐

어떤 낚시꾼이 강가에 도착해서 장비를 다 풀고 나서야 미처 미끼를 챙겨오지 않은 사실을 알았다.

그런데 바로 그때, 그의 발치에서 작은 뱀 한 마리가 벌레 한 마리를 물고 지나갔다. 낚시꾼은 잽싸게 뱀을 낚아채 벌레를 빼앗았다. 그리고 뱀의 점심을 빼앗은 것이 미안해서 그의 목구멍에 맥주를 조금 쏟아부어 주었다.

그로부터 얼마 후, 낚시꾼이 낚시를 하고 있는데 누군가 바짓가랑이를 잡아당기는 느낌이 들었다. 내려다보니 조금 전의 그 뱀이 입에 벌레 세 마리를 물고 와 있었다.

리플 한마디

뱀이 술맛을 알면 벌레가 안 남아난다. -미끼나라 속담-

주유소에서 생긴 일

어느 날, 주유소 종업원이 손님의 차에 주유를 하다가 그만 휘발유를 엎지르고 말았다. 그런데 마침 그 휘발유가 고양이의 우유 그릇 안에 흘러 들어갔다.

휘발유가 섞인 우유를 마신 고양이는 갑자기 시속 60Km 속도로 주유소 주변을 달리다가 꼬꾸라져서 축 늘어졌다.

놀란 차 주인이 주유소 종업원에게 물었다.

"고양이가 죽었습니까?"

그러자 주유소 종업원이 태연하게 대답했다.

"아니요, 제 생각에는 휘발유가 다 떨어져서 더 이상 달리지 못하는 거 같습니다!"

리플 한마디

고양이들도 가끔 '갓뎀(goddam)!'이란 말을 쓰는데, 그건 '빌어먹을!'이란 뜻이다.

고양이 버리기

고양이를 지독히 싫어하는 한 남자가 있었다. 어느 날 그는 아내가 기르는 고양이를 몰래 차에 태우고 2Km 떨어진 공원에다 버리고 왔다. 그런데 그가 집 마당에 차를 댈 무렵, 고양이가 잽싸게 현관 안으로 들어가는 것을 보았다.

다음날, 남자는 4Km 떨어진 곳에 고양이를 버렸다. 그러나 집에 돌아왔을 때, 어느새 고양이는 집에 돌아와 있었다.

화가 난 남자는 다음날 차를 몰고 길을 나섰다. 이번엔 아주 먼 곳, 누구도 찾아오지 못할 곳에 고양이를 버릴 작정이었다.

한 시간 후, 아주 멀리 떨어진 곳에 고양이를 버린 남자는 집에 있는 아내에게 전화를 걸었다. 그리고 시치미를 떼고 물었다.

"여보, 고양이 집에 있어?"

"고양이요? 내 옆에 있어요. 그런데 무슨 일이죠?"

"고양이 좀 바꿔봐, 내가 길을 잃어버렸어!"

리플 한마디

나 전화 안 받아유. 고생좀 하게 냅둬유. -고양이의 말-

서커스단 단장과 오리

서커스단 단장이 한가한 틈을 타 공원에 산책을 나왔다. 그런데 어떤 사람이 탁자 위에 냄비를 뒤집어놓고, 그 위에서 오리가 춤을 추게 하고 있었다. 오리는 신나는 컨트리 음악에 맞춰 탭댄스를 잘도 추었다.

서커스단 단장은 오리 주인과 끈질긴 협상 끝에 1백만원을 주고 오리를 사서 단장실로 돌아왔다. 그는 책상 위에 냄비를 뒤집어놓고, 그 위에 오리를 세운 다음 신나는 컨트리 음악을 틀었다. 그러나 웬일인지 오리는 꼼짝도 하지 않았다.

화가 난 단장은 당장 공원으로 달려가 오리 주인에게 따졌다.

"여보시오, 이놈의 오리새끼가 냄비 위에서 발가락 하나도 꼼짝하질 않으니 도대체 어떻게 된 거요? 당신 날 속인 거지?"

그러자 오리 주인이 단장을 쳐다보면서 말했다.

"내 그럴줄 알았수. 근데 냄비 밑에 촛불은 켰슈?

리플 한마디

그러자 서커스단 단장은 냄비처럼 열받아서 오리처럼 펄펄 뛰었다.

무사들의 검술 시합

무사 셋이서 검술 시합을 했다.
먼저 첫 번째 무사가 날아가는 파리를 단칼에 두 동강내어 떨어뜨렸다. 두 번째 무사는 공중에 칼을 한 번 휘둘러, 날아가던 파리가 바닥에 떨어져 벌벌 기어다니게 만들었다. 세 번째 무사는 바람을 가르며, 날아가는 파리를 한 칼에 쳤는데 파리가 무서운 기세로 무사에게 달려들었다.

과연 어떻게 된 것일까?
첫 번째 파리는 즉사한 것이고, 두 번째 파리는 양 날개가 잘려서 비행이 불가능하게 된 것이고, 세 번째 파리는 생식 불능이 되어 화가 났던 것이다.

리플 한마디

궁형(宮刑)에 처해진 세 번째 파리는 치욕스러운 아픔과 굴욕을 딛고 <파기(爬記)>를 써서 후세에 남겼다.

세 마리의 파리

시골에서 무작정 상경을 시도한 세 마리의 처녀 파리가 각각 다른 일터에 취직을 했다.

1년 후 만나기로 약속한 그날, 나이트클럽에 취직한 파리는 입술에 빨간 립스틱을 바르고 춤의 명수가 되어 나타났고, 식당에 취직한 파리는 뚱뚱한 요리사가 되어 나타났고, 구두쇠로 소문난 부잣집 파출부로 취직한 파리는 약속 장소에 나타나지 않았다.

세 번째 파리는 과연 어떻게 된 것일까?

그녀는 청소를 하다 그만 주인아주머니 지갑 속에 들어갔던 것이다.

리플 한마디

의미심장한 구두쇠에 주목하라.

동물 소리

동물 소리를 잘 낸다는 세 명의 사내가 카페에 모여 각자 자기 자랑을 늘어놓았다.
첫 번째 사내가 말했다.
"내가 꽥꽥거리고 오리 소리를 내면 새끼 오리들이 모두 나한테 몰려들어!"
그러자 두 번째 사내가 코웃음을 치며 말했다.
"그래? 내가 큰 소리로 개 짖는 소리를 내면 어떻게 되는지 알아? 우편배달부가 기겁을 하고 나무 위로 기어올라가지."
그러자 이번엔 세 번째 사내가 말했다.
"뭐 그까짓 것들을 가지고 큰소리야? 내가 수탉 울음소리를 내면 어떻게 되는지 알아? 아침해가 떠오른다구!"

리플 한마디

오늘, 한국의 모기 한 마리가 날갯짓을 했으므로, 1년 뒤에 미국에 태풍이 불고 해일이 일 것입니다. -허풍관측소의 보도-

모기떼

구릿빛 얼굴의 바다 사나이가 친구들을 모아놓고 허풍을 떨기 시작했다.

"우리가 바다낚시를 나가 저녁때 갑판 위에서 담배를 피우며 잡담을 나누고 있는데 모기떼가 몰려오더군. 그런데 이놈들이 얼마나 큰지 꼭 참새만 하더군. 이놈들은 눈 깜짝할 사이에 배를 습격해서 돛을 몽땅 뜯어먹어 버렸어. 그래서 배가 마치 앙상한 겨울나무처럼 되고 말았다니까."

듣고 있던 친구들이 그런 엉터리 거짓말을 누가 믿겠느냐고 하자, 그와 동행했던 다른 친구가 거들면서 말을 이었다.

"이 친구 말은 사실이야. 일주일 후에 내가 그 배를 수리해서 다시 낚시를 나갔거든. 그런데 갑자기 병아리만한 크기의 모기떼가 습격을 해오는 거야. 자세히 보니까 이놈들이 모두 돛으로 만든 윗도리를 입고 있더라구!"

리플 한마디

모기가 모이를 먹으면 병아리만 해 질수도 있다.

개 꼬리

어느 날 저녁, 모처럼 친구 집에 놀러간 한 남자는 깜짝 놀랐다. 친구가 개와 카드놀이를 하고 있었기 때문이다.
남자가 매우 감탄하며 말했다.
"자네 정말 대단한 개를 가지고 있군!"
그러자 한창 카드놀이에 열중해 있던 그 친구가 고개를 가로저으면서 말했다.
"그렇게 감탄할 정도는 못되네. 이 녀석 자기한테 좋은 패가 들어오면 꼬리를 흔들거든!"

리플 한마디

개가 '포커페이스'까지 하게 되면 인간은 복날 꼬리를 흔들어야 할 것이다. -견자(犬子)의 말씀-

불 속에 뛰어든 개

허풍쟁이 사내가 이야기를 꺼내자, 사람들은 허풍인줄 알면서도 그의 말에 귀를 기울였다.

"어젯 밤에 우리 집에 불이 났습니다. 순식간에 발생한 일이라, 마누라하고 나는 당황해서 얼른 애들만 데리고 겨우 빠져 나왔지요. 그런데 우리 집 개가 뒤따라 나왔다가는 별안간 다시 불 속으로 뛰어드는 겁니다. 얼마 후에 그놈이 죽지 않고 나오긴 했는데, 온몸이 불에 그슬려서 말이 아니더군요. 그런데 우리 집 개가 왜 다시 불 속에 뛰어들었는지 아세요?
글쎄 밖으로 나온 그놈이 입에 젖은 수건을 물고 있기에, 그걸 펴보니 세상에 그 속에 화재보험 증서가 들어 있지 뭡니까?"

리플 한마디

개 타고 말장사 해서 보험료 불입했단들 본 사람 없으니 믿을 수 밖에…

기특한 개

공원에 개를 데리고 나온 두 여인이 서로 자랑을 늘어놓았다. 먼저 한 여인이 말했다.

"우리집 이 개는 아침마다 문밖에 나가서 신문 배달원을 기다렸다가 신문을 물고 들어온답니다. 참으로 기특해요."

그러자 다른 여인이 말했다.

"그건 저도 알고 있어요."

"어머, 우리 개가 아침마다 신문을 받아오는 걸 어떻게 아세요?"

"우리집 이 개가 말해줬거든요!"

리플 한마디

그렇군요. 보신탕집 개는 매일 아침 목탁을 물고 나갔다가 저녁 때가 되면 받아온 시주를 주인한데 공양한답니다.

수게의 다짐

서해바다 갯벌에 사는 수게 한 마리가 암게한테 반해서 청혼을 했다. 암게가 보니 그 수게는 다른 게처럼 옆으로 걷지 않고 앞뒤로 걷고 있었다. 장차 큰 게가 되리라고 판단한 암게는 흔쾌히 청혼을 받아들였다.

그런데 결혼을 하고 나서 한 달이 지나자 앞뒤로 걷던 그 수게가 여느 게와 마찬가지로 옆으로만 걷는 게 아닌가?

의아해진 암게가 수게에게 물었다.

"아니 여보, 어떻게 된 거예요? 결혼 전에는 앞뒤로 걷더니? …"

그러자 수게가 이렇게 대답했다.

"결혼도 했으니 나도 이젠 술을 그만 마셔야지!"

리플 한마디

이런 것을 두고 '게가 천선(遷善)을 했다'고 한다.

동물들의 가치관 붕괴 현상

요즘 들어 동물나라에서 이해할 수 없는 일들이 자주 일어나고 있다.

망하리 돈나무 숲에서는 돈나무 위에 앉아 돈 자랑을 하던 원숭이가 갑자기 아래로 몸을 던져 자살을 했는가 하면, 강남에선 불법 카바레를 운영하던 제비가 꽃뱀에 물려 죽는 사고가 일어났다.

동물나라 치안국에서는 이런 일들이 모두 동물성을 상실한 가치관 붕괴 현상에서 오는 것으로 보고 대책 마련에 들어갔다.

리플 한마디

동물나라 치안국은 대책회의에서, 인간의 타락한 정신문화가 더 이상 동물들에게 오염되지 않기 위해서는 동물들과 인간의 관계를 완전히 차단시켜야 한다는 데 의견을 모으고 단속에 들어갔다. -오소리 기자의 보도-

무당벌레의 사기 행각

점을 보러 온 곤충들을 속여 거액을 갈취해온 무당벌레가 경찰에 잡혔다.

이 무당벌레는 하루살이들에게 '재물을 바치고 굿을 하면 영생을 얻을 수 있다'고 현혹시켰는가 하면, 모기들에게 '부적을 붙이고 사람의 피를 먹으면 잠자리가 될 수 있다'고 속여 가짜 부적을 팔아 온 혐의이다.

리플 한마디

부적 값(부가세 별도)
하루살이가 영생을 얻으려면 : 1천만원
잠자리가 기러기가 되려면 : 5백만원
모기가 잠자리가 되려면 : 3백만원

능구렁이의 종말

자신이 용이라고 주장하며 사이비 종교 단체를 만들어 도롱뇽과 도마뱀들을 포섭해온 것으로 알려진, 일명 '능통교' 교주 능구렁이가 숨진 채 발견되었다.

조사 결과, 능구렁이는 지난 폭우 때 집회를 열고 '승천하는 모습을 보여주겠다'며 구룡폭포에서 뛰어내렸다가 폭포 한가운데 있는 바위에 머리를 부딪쳐 숨진 것으로 밝혀졌다.

리플 한마디

능구렁이는 순교한 것이다. -능통교도들의 주장-

지렁이 이혼소송

입술을 빨갛게 칠한 아내 지렁이가 '남편의 어금니 가는 소리 때문에 잠을 잘 수 없다'며 가정법원에 위자료 청구 이혼소송을 제기했다.

그러자 남편 지렁이는 '마누라 코고는 소리가 더 크다. 더구나 마누라는 갯지렁이와 바람까지 피웠다'고 주장하며, 위자료를 한 푼도 줄 수 없다고 반박했다.

한편, 참고인 자격으로 출두한 갯지렁이가 남편 지렁이에게 '개 풀 뜯어먹는 소리 마라. 나는 당신 마누라 손목 한 번 잡아본 일 없다'라고 화를 내자, 남편 지렁이는 '지렁이 코고는 소리 마라. 나는 둘이 함께 갯벌 기어간 자국을 증거로 보존하고 있다'라고 맞섰다.

리플 한마디

결국 가정법원은. 이 사건은 '밟으면 꿈틀' 조항이 남편 지렁이의 권리를 옹호하는 사건이라는 결론을 내리고 그의 승소를 판결했다.

토끼들의 성형수술

요즘 들어 토끼들 사이에서는 엽기토끼가 새로운 우상으로 떠오르고 있다.

그래서 10대 집토끼들을 중심으로 눈 크기를 줄이고, 귀를 절단하는 성형수술이 유행처럼 번져, 성형외과가 연일 호황을 누리고 있다고 한다.

이와 관련하여 토류의 앞날을 걱정하는 일부 토끼 단체들이 성형외과 앞에서 엽기토끼 인형 1백여 개를 불태우며 시위를 벌이자, 병원 측에선 영업 방해라며 산토끼 당국에 공권력 투입을 요청했다. 이에 따라 산토끼 당국에서는 스컹크 1개 중대를 긴급 투입해 진압에 나섰다.

리플 한마디

스컹크들의 최루탄 발사에도 불구하고 일부 과격 토끼들은 각목을 휘두르며 스컹크들과 맞서다 2시간 만에 자진 해산했다.
-토끼풀방송 뉴스-

토끼들의 신종 범죄

일부 악질 토끼들이 여관에 몰래카메라를 설치하고, 투숙 토끼들의 성행위 장면을 촬영해 인터넷에 유포한 사실이 밝혀져 토끼나라에 큰 충격을 안겨주고 있다.

이들은 '토끼 몰카 풀 버전'이란 제목으로 장장 3초짜리 동영상을 제작해 인터넷에 유포한 혐의로 조사를 받다가 경찰이 한눈을 파는 사이 어디론가 토껴버렸다고 한다.

리플 한마디

토끼나라 경찰 당국은 일제 단속을 벌인 결과 추가로 '꿈의 시간 5초'라는 불법 동영상을 제작해서 유포한 혐의로 또 다른 토끼 일당을 검거, 조사 중이라고 한다.

파렴치한 집쥐 일당

인터넷을 통해 일명 '원조교제'를 알선해온 집쥐 일당이 검거되었다.

이 집쥐들은 대화방 등을 통해 모집한 어린 생쥐들을 들쥐들과 연결해주고 사례비를 챙겨온 것으로 밝혀졌는데, 어린 생쥐 중에는 심지어 햄스터까지 포함된 것으로 알려져 쥐들 사회에 더욱 큰 충격을 안겨주고 있다.

리플 한마디

범행 일체가 드러나자 집쥐 일당은 '쥐덫형'에 처해질 것이 두려워, 미리 준비한 쥐약을 먹고 모두 자살해버렸다고 한다.

치와와의 재범

세퍼트를 성폭행하고 구속되었다가 집행유예로 풀려난 치와와가 이번에는 횡단보도에서 신호대기 중이던 맹인안내견을 성희롱하려다 체포되었다.
치와와는 맹인안내견에게 '어이, 섹시한데!… 시간 있으면 같이 개껌이나 씹자'라고 깽깽대며 그녀의 엉덩이를 만진 혐의이다.
법원은 치와와에게 징역 5년을 선고하면서 '당시 피해자가 저항하지 않은 점은 인정되지만, 그 죄질이 나빠 중형을 선고한다'고 발표했다.

리플 한마디

견격(犬格)을 지키지 않으면, 패견망신(敗犬亡身)하는 법이다.
-개껌의 말-

물개의 기자회견

인기 절정인 암컷 물개가 기자회견을 자청해 사실은 자신이 성전환수술자임을 밝혔다.

'언제 어디서 성전환 수술을 받았느냐?'는 기자들의 질문에 그녀는 '데뷔 전인 작년 여름 옹녀병원에서 수술을 받았다'고 대답했다.

그리고 '요즘 CF와 영화 출연으로 많은 수입을 올리고 있는데, 그 돈을 어디에 쓸 계획이냐?'는 질문에 대해서는 '막상 돈을 벌고 보니 내가 너무 어리석었다는 생각이 든다. 지금까지 번 돈을 다 주고라도 내 해구신을 되찾고 싶다'라며 울먹였다고 한다.

리플 한마디

해구신은 바다에 사는 오래된 신으로 정욕의 파도를 일으키며, 여우에게 홀린 때, 꿈에 헛것을 본 때, 그것을 치료하고 허리와 무릎을 튼튼하게 하는 신이다. -동네보감-

쇠똥구리들의 내기 도박

천연기념물인 장수하늘소를 잡아다 소싸움을 붙이고 내기 도박을 해온 쇠똥구리 일당이 경찰에 잡혔다.

이들은 한 판에 수십에서 수백 그램에 이르는 쇠똥, 말똥, 개똥을 걸고 상습적으로 내기 도박을 해온 것으로 밝혀졌다.

이들을 검거한 경찰은 '현장이 완전히 똥 천지였다'며 당시 상황을 공개했다.

그러자 꼼짝없이 쇠고랑을 차게 된 쇠똥구리들은 선처를 호소하며 닭똥 같은 눈물을 흘렸다고 한다.

리플 한마디

경찰은 끝내 판똥이 총 얼마였는지에 대해서는 밝히지 않았다.
-똥파리 기자의 보도-

낙동강 오리알 도난 사건

낙동강에서 국보 55호인 '낙동강 오리알'이 도난당하는 사건이 발생했다.

경찰은 문화재 전문 털이범의 소행으로 보고 너구리, 족제비 등을 대상으로 탐문조사를 벌인 결과, 전과 5범인 수달을 긴급 체포했다.

검거될 당시 수달은 '너희들 내가 누군지 아느냐? 나는 수달 장군이다. 견훤왕을 불러 달라'며 횡설수설함에 따라, 경찰은 수달이 마약 복용 후 환각 상태에서 범행을 저지른 것으로 보고 조사 중이다.

리플 한마디

수달이 복용한 마약은 '내추럴 모뉴먼트 330호(natural monument 330호)'인 것으로 밝혀졌다.

거북이 뺑소니 사건

논두렁에서 과속으로 달리던 거북이가 개미집을 부수는 사고를 내고 뺑소니를 친 사건이 발생했다.

조사를 맡았던 경찰은 뒤따라오던 달팽이가 무리하게 거북이를 추월하려 했기 때문에 사고가 난 것으로 보고, 거북이를 무혐의 처리했다.

거북이는 진실이 밝혀졌다며 자신을 뺑소니 범인으로 지목한 굼벵이를 무고죄로 고소했고, 구속 수감 중인 달팽이는 추월 사실은 인정하지만 거북이가 길을 가로막았다며 억울함을 호소했다.

리플 한마디

조사 결과 달팽이는 '혈중 달팽이엑기스 농도 0.5'인 상태에서 무면허 달음박질을 한 것으로 밝혀졌다.

고양이의 죽음

만취한 고양이 한 마리가 지나가던 호랑이에게 시비를 걸다 안면에 잽 한 방을 얻어맞고 중상을 입었다.

고양이는 즉시 응급실로 호송되어 치료를 받고 상태가 호전되어 일반 병실로 옮겼으나, 병문안을 온 10여 마리의 생쥐들이 목에 방울을 달아주는 바람에 갑작스런 혈압 상승으로 숨지고 말았다고 한다.

리플 한마디

만취하지 말라. 분수를 지켜라. 그렇지 않으면 세상은 당신의 목에 방울을 달 것이다. -양자의 말씀-

용감한 갈치

술에 취한 물고기들을 상대로 아리랑치기를 해온 날치가 새우의 지갑을 털려다 현장에서 붙잡혔다.

날치는 주로 까나리 선술집 근처에서 취객들을 대상으로 아리랑치기를 해왔는데, 이날도 날치는, 멸치를 판 돈으로 술을 먹고 나오는 새우에게 접근해 범행을 저지르려다 이를 보고 추격해 온 갈치와 격투를 벌인 끝에 가슴지느러미가 찢어지고 비늘 10개가 떨어지는 중상을 입고 경찰에 넘겨졌다고 한다.

경찰은 갈치에게 '용감한 생선상'을 수여했다.

리플 한마디

'상금은 없었느냐'는 노가리 기자의 질문에 갈치는 '마른멸치 두 포를 부상으로 받았다'고 대답했다.

낙타와 개구리와 두꺼비

낙타가 바늘구멍에 들어가려다 숨지는 사고가 일어났다. 낙타는 평소 호기심이 많아 전에도 여러 번 단춧 구멍에 들어가려다 중상을 입어왔던 것으로 밝혀졌다.

그리고 용다리 부근 연못에서는 개구리 한 마리가 하품을 하다 입이 찢어져 죽었는데, 이것을 지켜보던 두꺼비가 너무 기가 막혀 귀머거리가 되었다고 한다.

리플 한마디

귀머거리가 된 두꺼비는 그 날. 홧김에 소주를 사이다로 잘못 알고 마셨다가 알코올 중독으로 숨지고 말았다.

반달곰과 북극곰

지리산 처녀 반달곰과 국제결혼을 하기 위해 노총각 북극곰 한 마리가 국내에 입국했다.

그러나 노총각 북극곰은 한국에 온 지 3일도 되지 않아 '이렇게 더울 줄 몰랐다. 땀띠나 죽을 일 있느냐?'며 결혼을 포기하고 북극으로 돌아가버렸다.

그러자 중매를 섰던 흰곰은 '사내 녀석이 그깟 더위도 못 참고 어떻게 노총각 신세를 면하겠느냐?'며 그를 찾으러 북극으로 갔다가 그만 얼어 죽었다.

리플 한마디

왜 저들에게는 '휘센 에어컨'과 '거꾸로 타는 보일러'가 제공되지 못했는가? -곰나라 PD수첩 타이틀-

모기 방역 사건

여름철을 맞아 모기떼가 활개를 침에 따라, 집집마다 에프킬러와 전자모기향을 비치하고, 시 단위로 대대적인 방역에 들어갔다.

그러자 모기들은 즉시 최첨단 적외선 카메라와 방독면을 장착하고 만전태세를 갖추었다.

이에 하루살이들은, 우리에겐 장수할 권리가 있다며 인간나라에 탄원서를 제출했고, 파리들은 '모기향도 모자라 이젠 약까지 뿌리냐?'며 화장실에 모여 긴급 대책회의에 들어갔다.

리플 한마디

우리의 장수할 권리를 무시한다면, 우리는 자살특공대를 조직하여 앞으로 한 달 동안 계속해서 당신들에게 테러를 감행할 것이다. -하루살이들의 경고-

용궁예식장 누전 사고

용궁예식장에서 누전 사고가 일어나 신랑 뱀장어와 신부 꼼장어가 기절하는 사건이 발생했다.

다행히 하객들의 피해는 없었지만, 사고 원인을 조사하던 붕장어가 감전되어 숨지는 불상사가 일어났다.

용궁나라 경찰은 이날 하객으로 참석한 전기뱀장어 20여 마리를 긴급 소환해 사고 원인을 조사하는 한편, 톱상어와 망치상어를 불러 보수작업에 들어갔다.

리플 한마디

붕장어는 순직한 것이다. 붕장에서 붕사로 1계급 추서해야 함이 마땅하다.

꽃게의 불운

'세계 종합격투기 선수권대회'에서 미국의 도미 선수가 일본의 동경모치 선수를 물리치고 결승전에 진출하게 됨에 따라, 한국의 꽃게 선수와 우승을 다투게 되었다. 그러나 한국의 꽃게 선수는 결승전을 앞두고 연습장에서 앞으로 걷는 법을 배우는 도중, 난데없이 나타난 중국 왕거미 선수에게 물려 전치 4주의 중상을 입었다.

경찰 조사 결과 중국 왕거미 선수는 자신이 한국의 꽃게 선수와의 준결승전에서 패배한 것에 앙심을 품고 홧김에 꽃게 선수를 문 것으로 밝혀졌다.

한편, 꽃게 선수가 시합에 참가할 수 없게 됨에 따라 '세계조무래기싸움연맹' 측에서는 대회 규칙에 따라 지난해 우승자인 한국의 가재 선수를 대신 출전시키기로 결정했다.

리플 한마디

이에, 미국의 도미 선수는 즉각 '가재는 게 편이 아니냐'고 항의했다. 그러자 '세계조무래기싸움연맹' 측에서는 '가재는 게 편이 아니라 새우 편이다. 백과사전을 찾아봐라'라고 일축했다.

발바리의 반항

부산에서 평소 한국 영화를 즐겨 보던 발바리가 주인에게 개 패듯 얻어맞은 사건이 일어났다.

발바리는 주인이 '야, 공 물어와!'라고 하자, 영화 '친구'에서 본 것처럼 '내가 니 시다바리? 내는 시다바리가 아니라 발바리다'라고 반항하다 개 패듯 얻어맞았다고 한다.

리플 한마디

이제 그들은 서로 다른 방향을 보며 각자의 길을 가려 한다.
-영화 '친구'에 나오는 대사-

마약 탐지견들의 노동 투쟁

인천공항에 근무 중인 한 마약 탐지견이 수차례에 걸쳐 마약을 투여해온 것으로 밝혀졌다.

경찰의 추궁에 마약 탐지견은 '히로뽕 냄새를 자주 맡다 보니 뽕 가서 그랬다. 그러니 제발 직업병으로 인정해달라'고 호소했지만 받아들여지지 않았다.

이에 마약 탐지견 노동조합 개코 노조위원장은, 노동조건이 개선되지 않는 한 우리 마약 탐지견들의 억울한 일은 계속 발생할 것이라며, 모든 마약 탐지견들에게 공항공단측을 상대로 대동투쟁에 나서자고 제안했다.

리플 한마디

솔아 솔아 푸르른 솔아
목에 맨 가죽 띠를 네가 정녕 아느냐?
우리의 코, 우리의 노동으로
죽도록 킁킁대며 너희들을 도왔는데
개답게 살기 위해, 사랑으로 살기 위해…
-개들의 노동 투쟁가-

일개미들의 노동 투쟁

일개미들이 '우리가 일벌레냐? 주 5일 근무제를 실시하라!'라고 외치며 파업농성에 들어갔다.

그러자 여왕개미가 직접 나서서 '주 5일 근무제를 실시하겠다. 대신 일주일의 단위를 7일에서 5일로 줄인다'라고 약속하자, 일개미들은 노동 투쟁의 승리라고 기뻐하며 파업을 철회하고 각자 작업 현장에 복귀했다.

리플 한마디

아침에 3개, 저녁에 4개
우리 그런 거 너무 싫어요.
아침에 4개, 저녁에 3개
우리 그런 거 너무 좋아요.
아, 우리의 승리 우리의 허리.
-일개미들의 승리 자축가-

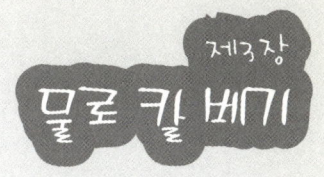

제3장
물로 칼 베기

그 소리를 들은 암탉 3백마리는 일제히 기립하여

두 노처녀에게 박수를 보냈다.

하나님의 의도

하나님과 아담이 에덴동산을 거닐며 대화를 나누었다. 먼저 아담이 하나님께 여쭈었다.

"하나님, 이브는 정말 예뻐요. 그런데 왜 그렇게 예쁘게 만드셨어요?"

"그래야 네가 늘 그애만 바라보지 않겠니?"

그러자 아담이 다시 하나님께 여쭈었다.

"이브의 피부는 정말로 부드러워요. 왜 그렇게 만드신 거죠?"

"그래야 네가 늘 그애를 쓰다듬어주지 않겠니?"

"그런데 하나님, 이브는 좀 멍청한 것 같아요. 왜 그렇게 만드신 거죠?"

"바보야, 그래야 그애가 널 좋아할 거 아니냐?"

리플 한마디

하나님은 정말 고마우신 분이다. 인간을 처음 만들 때 이미 부창부수(夫唱婦隨)를 생각하셨으니까…

아담의 맹세

아담이 이브 몰래 여자를 만들어 바람을 피우다가 이브에게 들켰다.
이브가 하나님께 이 사실을 일러바쳐, 아담은 심하게 야단을 맞았다.
기분이 몹시 상한 아담이 이브에게 눈을 부라리며 말했다.
"어디 두고 보자, 아직 갈비뼈는 얼마든지 있으니까!"

리플 한마디

아담은 착각하고 있는 것이다. 남자의 갈비뼈는 겨우 24개뿐이다.

아내의 제안

아내와 함께 미술관을 둘러보던 남편이 나뭇잎 몇 개만으로 몸을 가린 여자 그림 앞에서 발걸음을 멈추고, 넋이 나간 채 오랫동안 그것을 들여다봤다.
그러자 아내가 남편한데 부드럽게 제안했다.
"여보, 가을에 다시 한 번 오자구요!"

리플 한마디

"아니야. 지금 당장 강풍이 불었으면 좋겠어!" -남편의 마음속 외침-

문제의 기원

부부간에 발생하는 문제는 흔히 서로간의 배려와 사랑이 부족한 데서 오는 것으로 알고 있는데, 꼭 그런 것만도 아니다.

에덴동산에 아담과 이브가 단둘이 살고 있었다. 그런데 하루는 아담이 이브에게 크게 화를 내며 말했다.
"이봐, 또 내 바지로 샐러드를 만들었잖아!"

리플 한마디

"여보, 지천에 깔린 게 바지잖아요. 그냥 맛있게 먹어주면 안돼요?" -이브의 말대꾸-

하나님의 대답

어떤 남자가 외딴 섬의 해변가를 걸으며 하나님께 기도를 드렸다.
"하나님, 제 소원 하나만 들어주세요."
그러자 갑자기 하늘로부터 거룩한 음성이 들려왔다.
"말해보거라, 무엇을 원하느냐?"
남자는 즉시 그 자리에 무릎을 꿇고 두 손을 모으며 말했다.
"하나님, 이 섬에서 육지까지 다리를 만들어 제가 언제든지 자동차로 오갈 수 있게 해주세요."
그러자 하나님께서 말씀하셨다.
"너의 믿음에 견주어 그 소원이 합당하긴 한데, 그러자면 들어가는 게 너무 많구나. 교각이 바다 밑바닥까지 닿아야 하니, 콘크리트와 철근이 너무 많이 필요하다. 그러니 그것 말고 세상을 살아가는 데 꼭 필요하다고 생각하는 소원 한 가지를 말해보거라."
남자는 여전히 무릎을 꿇고 기도하는 자세로 이렇게 말했다.
"그럼 하나님, 제가 여자들을 잘 이해할 수 있게 해주세요. 토라져서 말을 안 하고 있을 땐 마음속으로 무얼 생각하는 건지, 왜 툭하면 우는 건지, '신경 쓰지 마!'라고 말할 때 그 말의 참뜻은 뭔지, 어떻게 하면 여자들을 행복하게 해줄 수 있는지… 그것을 알고 싶습니다."

그러자 하나님이 큰 소리로 이렇게 말씀하셨다.

"얘, 육지까지 가는 다리를 4차선으로 해주랴, 8차선으로 해주랴?"

리플 한마디

여자의 마음을 알려고 하는 것은 뫼비우스의 띠를 도는 것과 같다. -8차선의 말-

할인을 하면

어떤 아주머니가 슈퍼마켓에 물건을 사러 갔는데, 젊은 남자 점원이 매우 반갑게 맞이하며 말했다.

"어서오세요 아주머니, 정말 젊고 멋있어 보여요."

"어머, 그래요? 내가 몇 살이나 돼 보이는 데요?"

"30대 초반 같으세요."

"그래요? 그렇게 봐주니 정말 고마워요."

"뭘요, 저희 가게에선 단골 손님한텐 뭐든지 30% 할인해드리거든요!"

리플 한마디

그렇다. 나흘 된 야채를 50% 할인하면, 이틀 된 것처럼 싱싱해 보일 수도 있다.

판단의 근거 1

매장 카운터에서 일하는 아가씨가 지배인에게 말했다.
"이젠 제가 매력적으로 보이질 않나 봐요. 아무래도 휴가를 내서 좀 가꾸고 와야겠어요."
그러자 지배인이 일축했다.
"얼빠진 소리 하지 마!"
"얼빠진 소리가 아니에요. 한 달 전부터 남자 손님들이 거스름돈을 받기 시작했거든요!"

리플 한마디

발 없는 거스름돈 미모 따라간다. -얼빠진 남자들의 속담-

판단의 근거 2

네온이 찬란한 술집 앞 거리에서 어떤 여자가 경찰에게 달려와서 헐레벌떡 말했다.

"저기, 저 남자가 자꾸만 따라와요. 아무래도 술에 취한 것 같아요!"

그러자, 경찰관은 그 여자를 아래위로 훑어보더니 말했다.

"그 자식, 술에 취한 게 틀림없군!"

리플 한마디

눈먼 나비는 시든 꽃에게 말한다. 너무나 예쁘다고 …

배우자 선택 기준

어떤 남자가 자신을 사랑하는 세 명의 여자 중에서 누구를 결혼 상대로 정할까 고심하다가 그들에게 각각 5백만원씩 주고, 그 돈을 어떻게 사용하는지 보기로 했다.

첫 번째 여자는 비싼 옷과 고급 화장품을 사고, 최고의 미용실에 다녀오는 등 자신을 가꾸는 데 돈을 모두 사용하고 나서 말했다.
"모든 사람들이 당신 아내를 가장 예쁜 미인이라고 생각한다면 당신은 행복할 거예요."

두 번째 여자는 남자를 위해 새 양복과 셔츠, 구두 등을 사가지고 와서 말했다.
"내게 제일 소중한 사람은 당신이에요. 그러니 당신을 위해 돈을 쓰는 것은 너무도 당연해요."

세 번째 여자는 5백만원을 두 배로 불려서 남자에게 돌려주며 말했다.
"남들 앞에서 당신이 기죽지 않게 하는 것이 당신을 진정으로 사랑하는 길이라고 생각했어요."

테스트를 끝낸 남자는 그래도 세 여자 중에서 누구를 아내로 맞이해야 할지 몰랐다. 그러다가 결국은 가슴이 제일 큰 여자를 아내로 선택했다.

리플 한마디

이상하게 생각 마라. 가슴이 제일 크다는 것은 마음이 제일 넓다는 뜻이다. -브래지어의 신념-

주례비

어떤 청년이 결혼을 앞두고 주례비 걱정을 하다가 대학 은사님께 주례를 부탁하면서 직접 여쭈었다.
"교수님, 주례비는 얼마나 드려야 되죠?"
"신부가 예쁘다고 생각하는 만큼만 주게나."
결혼식 날, 신랑은 교수님께 1만원을 드렸다. 교수님은 어이가 없었다. 그래서 속으로 생각했다. '아무리 예쁘지 않더라도 그렇지…'
교수님은 신랑이 괘씸하기도 하고 한편으론 신부의 얼굴이 궁금하기도 했다. 드디어 결혼식이 시작되고 교수님은 멋지게 주례를 마쳤다. 그리고 결혼식이 끝난 뒤 신랑을 조용히 불러 그에게 5천원을 내주며 말했다.
"자, 이거 거스름돈일세!"

리플 한마디

"교수님! 너무 많이 거슬러주는 거 아니에요?"
-5천원짜리의 반항-

염라대왕의 실수

어떤 40대 부인이 심장마비를 일으켜 병원으로 실려왔다. 수술을 받는 동안 사망 직전의 경험을 한 그녀는 염라대왕이 나타나자 슬픈 목소리로 물었다.
"염라대왕님, 제 인생은 이제 끝난 건가요?"

그러자 염라대왕이 기록을 살펴본 다음 대답했다.
"아직 올 때가 안 되었다. 앞으로 40년이 더 남았느니라."

그녀는 너무나 기뻤다. 이제 다시 찾은 제2의 인생을 그냥 그렇게 살수는 없었다. 그래서 그녀는 남은 인생을 최대한 즐기기 위해 이왕 입원한 김에 얼굴을 성형한 데 이어, 지방 흡입술로 날씬한 몸매를 만들고 퇴원했다.
그런데 불행히도 병원을 나서는 순간 그녀는 차에 치여 즉사하고 말았다.

저승으로 불려간 그녀는 너무나 억울해서 염라대왕에게 항의했다.

"뭐예요? 아직 40년이 더 남았다면서 왜 저를 부르신 거죠?"

그러자 염라대왕이 매우 미안해하면서 대답했다.
"아이구, 정말 미안하게 됐구나. 얼굴이 바뀌어서 그대를 알아보지 못했느니라."

리플 한마디

그 후 염라대왕은 '원본대조필'을 필수 방침으로 정했다고 한다. -저승출입기자의 전언-

한심한 경비원

어떤 여자가 노기등등해서 호텔 지배인에게 전화로 항의했다.
"609호실인데, 건너편 건물 남자가 실오라기 하나 걸치지 않은 알몸으로 걸어다니고 있어 정말로 끔찍해요."
그러자 지배인은 일단 그 여자를 달랬다.
"당장 경비원을 올려 보내겠습니다."
잠시 후, 호텔 경비원이 여자 방으로 들어가 건너편을 살펴봤다. 그랬더니 건장한 남자가 옷을 벗고 있긴 했지만, 창턱에 가려 허리 아래로는 보이지 않았다.
경비원이 여자에게 말했다.
"아래쪽은 보이지 않는데 뭘 그러세요?"
그러자 여자가 한심하다는 듯 경비원에게 쏘아붙였다.
"침대 위에 올라서서 봐요!"

리플 한마디

호기심은 종종 망원경을 꺼내기도 하고, 커튼을 치기도 한다.
-경비원의 깨달음-

여자 낚시꾼

산책을 하러 나온 두 사내가 강가를 걷다가 조용히 낚시에 열중하고 있는 여자를 만났다.
한 남자가 좀 짓궂은 투로 물었다.
"뭘 낚고 있나요?"
여자는 쳐다보지도 않고 쌀쌀맞게 응수했다.
"보면 몰라요? 남자를 낚고 있잖아요!"
그러자 다른 남자가 좀 더 짓궂은 투로 물었다.
"그럼, 미끼가 뭐죠?"

리플 한마디

미끼는 노출되면 더 이상 미끼가 아니다. -꽃뱀의 말-

얕은 꾀

처음 만난 아가씨를 태우고 달리던 승용차가 호젓한 시골길에 이르자 얌전히 멈춰 섰다.
"기름이 떨어졌어!"
이렇게 말하는 사내의 얼굴에는 의미있는 미소가 떠올랐다.
그런데 갑자기 아가씨가 핸드백에서 납작하게 생긴 술병을 꺼냈다.
'옳지, 맨정신으로는 용기가 나질 않는 모양이군!'
사내는 더욱 신바람이 났다.
"스카치야, 버본이야?"
그러자 아가씨가 짧게 대답했다.
"휘발유!"

리플 한마디

"제장!"
사내는 시동을 걸었다. 그리고 아가씨는 술병 아닌 물병을 다시 핸드백 속에 집어넣었다.

결혼 작전

한 남자가 사랑하는 여자에게 청혼을 했다. 그러자 여자가 말했다.
"저는 용기 있고 머리 좋은 남자와 결혼하고 싶어요."
"그런 거라면 걱정 마세요. 지난번 물놀이 가서 보트가 뒤집혔을 때 제가 당신을 구해주지 않았습니까? 그걸로 제가 용기 있는 남자라는 게 증명되지 않았나요?"
"그럼, 머리가 좋다는 건 어떻게 증명하죠?"
"그것도 이미 증명됐어요. 그때 보트를 뒤집은 게 바로 저니까요!"

리플 한마디

남자는 여자한데 즉시 하이힐로 머리를 한 대 얻어맞았다. 그건 머리가 좋은게 아니라 견고한 거라고…

양계장 차리기

도시에서의 직장생활에 염증을 느낀 두 노처녀가 퇴직금을 한데 모아 양계장을 차리기로 했다.
한적한 시골에 계사를 마련한 그녀들은 닭을 사러 갔다.
"암탉 3백 마리와 수탉 3백 마리 주세요."
웃기는 일이기는 했지만, 농장주는 정직한 사람이었으므로 그녀들에게 솔직하게 말했다.
"암탉 3백 마리는 필요하겠지만, 수탉은 두 세 마리면 될 텐데요."
그러자 두 노처녀가 동시에 대답했다.
"하지만 우리는 짝 없이 산다는 게 얼마나 슬픈 일인지 잘 알고 있거든요!"

리플 한마디

그 소리를 들은 암탉 3백 마리는 일제히 기립하여 두 노처녀에게 박수를 보냈다.

문자 메시지

새내기 부부가 제주도로 신혼여행을 갔는데, 꿈같은 1주일이 순식간에 지나가버리고 가진 돈이 모두 바닥났다.

그들은 달콤한 신혼 맛에서 깨어나고 싶지 않았다. 그래서 신랑이 아버지께 폰메일을 보냈다.

"아버님, 이곳 재미가 기가 막히게 좋습니다. 좀더 즐기다 가고자 하오니 추가 송금 바랍니다."

그러자 아버지로부터 다음과 같은 문자 회신이 왔다.

"이놈아, 그 재미는 어디서나 마찬가지로 좋은 게다. 냉큼 돌아와!"

리플 한마디

돌아와 이놈아!
좋아하는 그곳에
엄마와 나도 한번 가련다.
<첫 문장 '돌'자부터 대각선으로 읽어보면 아버지의 메시지가 들어 있다.>

존댓말을 쓰는 이유

미소네 엄마 아빠는 연상 연하의 커플이다.
겨우 두 살 차이지만, 미소 엄마는 늘 '난 영계랑 살아!' 하면서 동네방네 자랑을 하고 다닌다.
그런데 미소는 아빠가 엄마한테 '누나'라고 부르는 건 태어나서 한 번도 본 적이 없다. 그리고 누나 대접을 해주는 것도 본 적이 없다.
보통 미소네 엄마 아빠의 대화는 이렇다.

"어이, 빨래는 했어?"
"네, 그럼요."
"어이, 그거 가져왔어?"
"어머나, 깜빡했네. 어쩌죠?"

미소는 속으로 '하긴 연상연하 커플들이 다 그렇지 뭐!'라고 생각했는데, 오늘은 너무나 충격적인 사실을 알게 되었다.

미소는 오늘 과일을 깎으면서 설거지 하는 엄마에게 물었다.
"엄마, 엄만 아빠가 더 어린데 왜 늘 존댓말을 써?"
그러자 엄마는 이렇게 대답했다.
"말도 마라 얘, 안 그럼 쟤 삐쳐!"

리플 한마디

연하의 남편이 아내에게 늘 '누나'라고만 한다면 그 누나도 삐칠 것이다.

이상한 싸움

툭하면 싸우는 젊은 부부가 있었다. 그들은 아주 사소한 것을 가지고도 싸웠다.
그래서 싸움이 지겨워진 그들은 협정을 맺었다. 말을 할 때는 항상 상대방에 대한 애정 표현과 함께 칭찬을 하기로 한 것이다.

그로부터 며칠 뒤, 그들은 또 사소한 일로 싸움을 하게 되었다.
남편이 먼저 시작했다.
"사랑하는 여보, 집안 꼴이 도대체 이게 뭐요? 꼭 돼지우리 같구려."
아내가 응수했다.
"무지하게 멋진 여보, 나는 뭐 하루 종일 집에서 놀기만 하는 줄 알아요?"
"미치고 환장하게 예쁜 여보, 하지만 밖에서 녹초가 돼서 집에 돌아오는 사람 생각도 좀 해주어야 할 거 아니오?"
"까무러치게 사랑하는 여보, 하지만 나도 오늘 이것저것 많이 바빴다구요."
"매력이 철철 넘쳐 홍수가 날 여보, 그렇지만…"
"내 몸이 터져 죽을 정도로 사랑하는 여보, 그래도…"
두 사람은 마침내 웃음을 터뜨렸고 싸움은 더이상 이어지지 않았다.

리플 한마디

즐거움과 기쁨의 자손 유머의 계보라. 칭찬은 칭찬을 낳고 사랑은 사랑을 낳고 위트는 위트를 낳고 웃음은 웃음을 낳고…
-유머복음 1장 1절~2절-

남편의 사랑

중병으로 병원에 입원한 아내가 남편에게 신경질을 많이 부렸다. 그래도 남편은 참을성 있게 아내의 온갖 신경질을 다 받아주며 항상 웃음을 잃지 않았다. 하지만 남편의 정성어린 간호에도 불구하고 아내는 죽고 말았다.

남편이 장례를 치르고 집으로 돌아오는데, 마침 지붕 위에서 기와 조각 하나가 그의 머리 위로 툭 떨어졌다. 그러자 남편이 부어오른 머리를 만지며 중얼거렸다.

"알았소, 여보! 당신이 천국에 잘 도착했다는 신호지? 그렇지?"

리플 한마디

아프다는 투정도 떠나버리고
이제는 홀로 돌아가는 길
시작이라는 신호도 없고, 마지막이란 표시도 없이
인생이란 고독한 길…

신문

토요일 오후, 거실 소파에 앉은 남편이 아내에게 물었다.
"어제 신문 어디 있지?"
"그걸로 쓰레기를 싸버렸어요."
"아뿔싸! 그걸 봤어야 했는데…"
"볼 거 별로 없어요, 귤껍질하고 커피 찌꺼기뿐이에요."

리플 한마디

남편이 보려고 했던 기사 제목은 '부부간의 동문서답 치료법'이었다.

외출 준비

화창한 일요일 아침, 부부는 모처럼 나들이를 하기로 했다. 옷을 다 차려입은 남편이 아내에게 물었다.
"여보, 준비 다됐소?"
그러자 아내가 신경질적으로 대답했다.
"제발 좀 성가시게 굴지좀 말아요. 잠깐이면 된다고 한 시간 전에 말했잖아요!"

리플 한마디

아내의 말이 옳도다. 하루는 무려 86,400초인데, 겨우 60분을 기다리고 재촉하다니… -거울의 말-

버릇 고치기

부인이 남편에게 물었다.
"당신, 신문에서 뭘 오려낸 거죠?"
"아내가 늘 호주머니를 뒤지기에 이혼소송을 제기해서 승소했다는 어떤 남자에 대한 기사…"
"그래, 그걸 뭐하려구요?"
"그냥 내 호주머니 속에 넣어두려구!"

리플 한마디

회남자(淮南子) 병략훈(兵略訓)에 이런 말이 있다.
"군사를 사용하는 방법은 나의 유약한 모습을 보이면서 강함으로 핍박하고, 움츠리는 듯하나 실제는 나의 전력을 펼치고, 먼저 후퇴를 한 후에 합하는 것이니, 앞이 어두운 뒤에야 밝아지는 것이다."

거짓말 탐지기

형사 둘이서 한가로이 커피를 마시며 이야기를 나누었다.
"거짓말 탐지기는 참으로 놀라운 과학적 발명품이야. 자네 그거 사용해본 적 있나?"
"말도 말게, 사용 정도가 아니라 결혼해서 같이 살고 있잖아!"

리플 한마디

남편의 거짓말 탐지법 베스트 3
1위: 이실직고를 안 하면 3일 동안 굶긴다.
2위: 가슴에 귀를 대고 심장 박동수를 알아본다.
3위: 소화제를 거짓말 탐지약이라며 먹게 한 뒤 반응을 본다.

구두 한 짝

어느 날, 어떤 남자가 일을 마치고 한잔하는 자리에서 여직원이 과음하자 그녀를 집까지 태워다 주었다. 그리고 무슨 일이 있었던 것은 아니지만, 그 일에 대해서는 아내에게 이야기하지 않기로 했다.

다음날 저녁, 남자가 아내와 함께 영화관으로 가다 보니 아내가 앉아있는 쪽 자동차 시트 밑에 여자구두 한 짝이 떨어져 있었다. 남자는 기회를 보아 아내가 딴전을 피우는 사이, 얼른 그 신발을 집어 몰래 창 밖으로 던져버렸다.

잠시 후, 극장에 도착해서 차에서 내리려던 아내가 남편에게 물었다.

"여보, 내 구두 한 짝 못 봤어요?"

리플 한마디

그날 아내는 남편으로부터 꿈에도 그리던 익스펜시브하고 엘레강스한 명품 구두 한 켤레를 얻어 신었다.

얼떨결의 변명

평소 아주 건실한 남자가 어쩌다 미모의 여자와 눈이 맞았다. 어느 날, 남자가 그녀와 함께 팔짱을 끼고 거리를 걷다가 하필이면 자기 아내와 마주쳤다.

당황한 남자는 얼떨결에 얼른 아내에게 이렇게 말했다.
"여보, 인사해. 우리 처제야!"

리플 한마디

세상의 여자는 모두 이브의 딸이니 그녀와 아내는 언니 동생 지간이 맞다. -전봇대의 혼잣말-

버려진 남편

바람둥이 남편을 둔 아내가 너무 속이 상해서 고민을 하다가 남편을 북극에 버리기로 했다.

그녀는 울며 매달리는 남편을 간신히 북극에 떼어놓고 혼자 돌아왔다.

그럭저럭 몇 달이 지난 후, 아내는 혼자 살다 보니 그렇게 밉던 남편이 갑자기 보고 싶어졌다.

그래서 그녀는 허둥지둥 북극으로 달려갔다.

그런데, 아뿔싸!

남편은 얼음굴 속에서 북극곰에게 마늘과 쑥을 먹이고 있었다.

리플 한마디

주여, 우리를 환란에 들게 하지 마옵소서! -쑥과 마늘의 기도-

아내의 반격

드라이브를 즐기던 부부가 사소한 일로 말다툼을 벌였다. 서로 말도 하지 않고 냉랭하게 집으로 돌아오는데, 문득 차창 밖으로 개 한 마리가 지나가고 있었다. 남편이 아내에게 빈정대며 말했다.
"당신 친척이잖아, 반가울 텐데 인사나 하시지?"
그러자 남편의 말이 떨어지기가 무섭게 아내가 창문을 열고 개한테 소리쳤다.
"안녕하셨어요? 시아주버님!"

리플 한마디

남편은 겨우 잽 한 방 날리고 핵 펀치를 맞은 것이다.-깨갱!-

부창부수

어느 일요일 아침, 부부가 대판 싸움을 하고 하루 종일 말 한마디 하지 않았다.

밤이 되어 잠자리에 들면서 남편이 테이블 위에 메모를 남겼다.

"아침 6시에 꼭 깨워 줘!"

다음날, 남편이 일어나 보니 11시가 다 되어가고 있었다.

테이블 위에는 다음과 같은 쪽지가 놓여 있었다.

"6시예요, 어서 일어나요!"

리플 한마디

부부간에 자존심을 버리면 물로 칼을 벨 수도 있다.
-침실 벽시계에 써놓아야 할 말-

평화조약

아파트 9층에 사는 부부는 금슬이 좋았지만, 8층에 사는 부부는 그렇지 못했다.

어느 날, 8층 사는 남자가 9층 사는 남자에게 물었다.

"부부간에 사이 좋게 지내는 비결이 뭡니까? 아주머니가 참 상냥하시던데…"

그러자 9층 남자가 대답했다.

"우리는 비교적 큰일에 대해서는 제가 결정을 내리고, 자질구레한 일에 대해서는 전적으로 아내가 결정을 내리기로 약속 했거든요."

"그래서요?"

"결혼해서 지금까지 우리집에는 큰일이 단 한 건도 없었다는 거죠!"

리플 한마디

빨래를 찬물로 해야 할지 따듯한 물로 해야 할지, 그런 것도 자질구레한 일이지만, 자동차를 바꿔야 할지 집수리를 해야 할지, 그런 것은 정말 자질구레한 일이다. -싱크대의 말-

충돌 그 이후

눈만 뜨면 티격태격 싸우는 부부가 있었다.
하루는 방에서 거실로 나오려던 아내와 거실에서 방으로 들어가려던 남편이 머리를 심하게 맞부딪혔다.
아내가 손으로 머리를 감싸 쥐면서 말했다.
"제발 눈 좀 똑바로 뜨고 다녀요. 당신 때문에 머리가 윙윙거리잖아요!"
그러자 남편이 손으로 이마를 만지면서 말했다.
"그래? 그렇다면 당신 머리가 텅텅 빈 게로군."
"뭐예요? 그럼 당신은 머리가 윙윙거리지 않는단 말예요?"
"좀 아프긴 하지만, 윙윙거리지는 않아."
"그렇다면 속이 비어서 깨진 게로군!"

리플 한마디

가는 말이 거칠게 뛰면, 오는 말도 거칠게 뛴다.
-마부들의 속담-

훌륭한 데가 있는 남편

어느 날, 한 여성이 시퍼렇게 멍든 눈을 해가지고 이혼 담당 변호사를 찾아와서 하소연했다.

"남편이 이렇게 했는데 어떻게 해야 하죠?"

자초지종 얘기가 오가다가 변호사가 물었다.

"그럼, 맞기 전엔 어떤 말을 했지요?"

그러자 그녀는 남편이 너무 미워서 자기도 참지 못하고 이렇게 말했다는 것이었다.

"그래 잘났어, 그래도 사내라고… 당신이 해준 게 뭐가 있어? 때려봐! 아예 죽여라. 그래도 자존심은 있어서…"

그 얘기를 듣고 난 변호사가 한마디 했다.

"그렇다면 남편도 훌륭한 데가 있네요. 죽이라고 했는데 때리기만 했으니까!…"

리플 한마디

시퍼렇게 멍든 눈은 날계란으로 문지르면 금방 낫는다.
-남의 속도 모르는 오리알의 말-

구별법

여자 동창 둘이서 이야기를 나누었다.
"얘, 걔는 있지. 남편하고 강아지한테 '허비'란 애칭을 똑같이 사용한다더라. 남편이랑 강아지가 함께 있을 땐 혼동되지 않을까?"
그러자 친구가 대답했다.
"천만에… 강아지를 부를 땐 늘 억양이 상냥하던데!"

리플 한마디

벌벌 떨던 그 남편이
열받아 화가 나면
그렇지, 강아지를 팔아버리겠지.
<첫 문장 '벌'자부터 대각선으로 읽어보면 어떤 메시지가 들어 있다.>

결혼 비용

하루는 초등학교 다니는 아들 녀석이 누워 있는 아빠를 흔들며 물었다.

"아빠, 결혼하는 데 돈이 얼마나 들어?"

뜻밖의 질문이었으므로 아빠는 잠시 생각한 뒤에 이렇게 대답했다.

"글쎄, 사람마다 다르겠지."

그러자 아들이 다시 물었다.

"그럼, 아빤 엄마랑 결혼하는 데 얼마나 들었어?"

아빠는 역시 잠시 생각하고 나서 대답했다.

"아직은 알 수 없지. 지금도 계속 들어가고 있으니까!"

리플 한마디

시간이 증가함에 따라 비용이 늘어나는 현상을 '결혼비용증가의 법칙'이라 한다.

부인의 구박

허구한 날 아내에게 시달리는 경처가 있었다. 부인은 말끝마다 '당신이 뭘 알아요?'라고 하며 시도 때도 없이 남편을 구박했다.

그러던 어느 날, 병원에서 부인에게 전화가 걸려왔다. 남편이 교통사고를 당해 중환자실에 입원해 있으니 빨리 오라는 연락이었다.
부인은 택시를 잡아 타고 허겁지겁 병원으로 달려갔다. 그러나 병원에 도착했을 때 남편은 이미 죽어서 하얀 천을 덮어쓰고 있었다.
막상 죽은 남편을 보니, 그녀는 늘 남편을 구박했던 것이 너무나 후회되었다. 그래서 시체를 부여잡고 한없이 울었다.

부인이 자신의 과거를 뉘우치면서 한참을 그렇게 울고 있는데, 남편이 슬그머니 천을 내리며 말했다.

"여보, 나 아직 안 죽었어."
그러자 깜짝 놀란 부인이 울음을 뚝 그치면서 남편에게 벼락같이 소리를 질렀다.
"당신이 뭘 알아요? 의사가 죽었다는데!…"

리플 한마디

하얀 천이 남편에게 소리쳤다.
"다시 뒤집어 써!"

납치범의 협박

어떤 납치범이 40대 남자를 납치해서 인질로 잡아놓고 그의 아내에게 협박 전화를 했다.
"당신 남편을 내가 납치했다. 오늘 오후 3시까지 일억원을 송금하지 않으면 죽이겠다."
그러자 그 여자가 대뜸 이렇게 대답했다.
"어림없는 소리, 당신 맘대로 해!"
뜻밖의 반응이 나오자, 인질범은 얼른 말을 바꾸어 협박했다.
"좋다, 그럼 당신 남편을 도로 집에 데려다 놓겠다!"
그러자 전화기 속의 여자가 정색을 하며 말했다.
"여보세요, 계좌 번호를 알려주셔야죠!"

리플 한마디

계좌 번호: 있을때잘해은행 2929-4050-0909

남자의 유언

유언장을 작성해서 공증을 받으러 온 60대 남자에게 변호사가 물었다.

"돌아가신 뒤에 바닷속에 묻어달라는 유언이시군요?"

"그렇습니다."

"왜 하필이면 바닷속이죠?"

"그게 다 마누라 때문이지요."

"마누라 때문이라뇨?"

"마누라는 내가 죽으면 내 무덤 위에서 춤을 추겠다잖아요!"

리플 한마디

백년은 간데없고, 해로도 간데없고
어즈버 검은머리 파뿌린가 하노라.

헌 구두

구두 가게에 들른 중년 부인이 판매원에게 말했다.
"헌 구두를 한 켤레 사야겠어요."
판매원이 의아해서 물었다.
"헌 구두를 뭐하시게요?"
"뭐하긴, 헌 남편에게 신기려는 거지요."

리플 한마디

오래될수록 좋은 것은?
골동품, 땔나무, 포도주, 남편의 채권…

어떤 공지사항

어떤 교회 게시판에 다음과 같은 공지사항이 나붙었다.

"교우 여러분, 자선 경매를 잊지 마세요. 버리기는 아까우나 그렇다고 가지고 있을 값어치도 없는 것을 처분할 수 있는 좋은 기회입니다.
- 남편은 아내를, 아내는 남편을 데리고 나오세요 -"

리플 한마디

그날 자선 경매장에는 물건은 없고 사람만 가득했다. 그리고 남자의 숫자가 조금 더 많았다. -게시판의 보도-

사탄과 노인

예배가 시작되기 직전, 교회에 사탄이 나타났다.
그러자 노인 한 사람만 남고 모두 밖으로 나가버렸다.
사탄이 노인에게 뚜벅뚜벅 걸어가서 물었다.
"당신은 내가 무섭지 않소?"
노인은 사탄을 거들떠보지도 않고 대답했다.
"난 당신 따윈 무섭지 않아!"
"내 말 한마디면 당신이 죽을 수 있는데도?"
"그건 나도 알고 있소."
"그런데 어째서 내가 안 무섭다는 거지?"
"난 당신 누이하고 결혼해서 50년이나 함께 살아왔는데 뭘 그래?"

리플 한마디

천사와 사탄의 차이는 글자 한 자 차이다.

비운의 장희빈

장희빈이 인현왕후를 시해하려다 발각되어 마침내 숙종에게 사약을 받게 되었다. 그녀는 도저히 억울한 마음을 가눌 수가 없어 사약 그릇을 들고 숙종에게 달려가 그것을 보이며 외쳤다.
"마마, 이것이 진정 마마의 마음이시옵니까?"
그러자 숙종은 두 눈을 지그시 감고 괴로운 듯 생각에 잠기더니 이렇게 대답했다.
"그대에 대한 내 마음을 그 사약 그릇 옆구리에 적어놓았느니라."
한 가닥 희망을 잡게 된 장희빈은 얼른 사약 그릇 옆구리를 보았다. 그리고 그녀는 사약을 마시기도 전에 그만 입에 거품을 물고 죽어버렸다. 사약 그릇 옆구리에는 이렇게 적혀 있었던 것이다.
"원샷!"

리플 한마디

그릇에 담긴 건 사약이 아니라 보약이었다.
-조선왕조실록 날조편-

제4장 돌 위에 떨어진 항아리

8일째 되는 날 드디어 1천원이 8억원으로 보이기 시작했다.

어휴

'**나** 원 참!'이 맞는 것일까?
'원 참 나!'가 맞는 말일까?

어휴, 대학까지 나와서 그것도 모르니… 참 나 원!

리플 한마디

다같은것은같다 <거꾸로 읽어보세요>

정말 짜증나는 일

어떤 젊은 부인이 의사를 찾아와서 말했다.
"선생님, 저 좀 봐주세요. 어찌나 스트레스가 쌓이는지 아무한테나 마구 짜증을 냅니다."
그러자 의사가 물었다.
"문제가 뭐죠? 사정을 들어봅시다."
그러자 젊은 부인이 신경질적으로 대답했다.
"정말 짜증나네요, 방금 얘기했잖아요!"

리플 한마디

정말 짜증난다.

정신병자의 한마디

정신병원에 입원한 어떤 환자가 빗자루를 들고 기타 치는 흉내를 내면서 노래를 부르고 있었다.

지나가던 간호사가 하도 어이가 없어서 '아저씨, 기타 참 잘 치시네요!'라고 칭찬하자, 그 환자가 이렇게 쏘아붙였다.

"당신 정신병자요? 이게 빗자루지 기타냐구?"

리플 한마디

비로소 간호원은 어이가 있게 되었다. -빗자루의 말-

남편의 기막힌 아이디어

남편은 사소한 일에도 무척 신경을 쓰고 걱정하는 그런 사람이었다. 그런데 어느 날부터인가 남편의 그런 버릇이 싹 없어졌다. 뜻하지 않은 변화에 놀란 아내가 물었다.

"여보, 도대체 어떻게 된 거예요?"

"놀랄 필요 없어. 내가 기발한 방법을 썼거든. 한 달에 백만원씩 주기로 하고 나를 위해 대신 걱정해주는 사람을 하나 채용했을 뿐이야. 이제 살맛이 나!"

"뭐라고요? 한 달에 백만원이라니, 당신 도대체 그 돈을 어디서 어떻게 마련하려고 그래요?"

그러자 남편이 시원하게 웃으면서 대답했다.

"걱정 마, 그건 그 친구가 걱정할 일이지 난 걱정할 필요가 없어!"

리플 한마디

남편은 정말 천재다. 어떻게 그런 기발한 방법을 생각해냈을까?

할아버지와 세관원

하루도 빠짐없이 오토바이에 자갈포대를 싣고 국경을 넘나드는 할아버지가 있었다. 할아버지의 이상한 행동이 여러 날 계속되자, 세관원은 뭔가 밀수를 하고 있는 게 틀림없다고 생각하고 막 국경을 넘어가려는 할아버지를 붙잡고 물었다.
"할아버지! 포대에 들어있는 게 뭡니까?"
그러자 할아버지가 퉁명스럽게 대답했다.
"아, 보면 모르시오? 보다시피 자갈이잖소."
세관원은 할아버지의 말을 믿을 수가 없어 오토바이에서 포대를 내려 내용물을 확인해 보았다. 그러나 할아버지 말대로 자갈밖에는 들어있지 않았다.
세관원은 몹시 미심쩍었지만 할 수 없이 할아버지를 통과시켜 주었다.

하지만 그 후에도 할아버지의 수상쩍은 행동은 계속되었다. 뭔가 숨기고 있는 게 틀림없다고 판단한 세관원은 그 후에도 여러 번 불시검문을 해 보았으나, 여전히 할아버지가 싣고 다니는 포대에서는 자갈밖에 나오질 않았다.

도저히 호기심을 참을 수 없게 된 세관원이 하루는 방법을 바꾸어 할아버지에게 조용히 물었다.

"할아버지, 설사 밀수를 한다 하더라도 눈감아 드릴 테니 저한테 솔직히 말씀해 주세요. 절대 검거하지 않겠다는 각서도 여기 있습니다. 밀수를 하시는 게 틀림없지요?"

그러자 할아버지가 대답했다.

"그렇담 각서부터 이리 주시오! 내 말해 줄 테니…"

"자, 여기 있습니다. 도대체 뭘 밀수하시는 겁니까?"

"뭐긴 뭐겠소? 오토바이지!"

리플 한마디

"아이고!" -각서의 비명-

위조지폐

어떤 남자가 1만5천원짜리 위조지폐를 만들어 유통시킬 작정으로, 할머니가 운영하는 허름한 구멍가게에 가서 술을 사고 지폐를 내밀었다.

말없이 지폐를 받아 든 할머니는 계산기를 두드리더니, 7천원짜리 지폐 한 장과 1천원짜리 지폐 두 장을 거스름돈으로 내주었다.

리플 한마디

안타까운 일이다. 1만5천원짜리 위조지폐를 만드느니 차라리 진짜 1만원짜리 지폐를 물에 살짝 불려 양쪽으로 껍질을 벗기면 3만원이 되는 것을…

그 사장에 그 직원

어느 회사에 불이 났다. 놀란 사장이 당황한 나머지 '김 차장, 119가 몇 번이야?' 하고 소리쳤다.

그러자 옆에 있던 김 차장이 벌떡 일어나면서 말했다.
"사장님, 이럴 때 일수록 침착하세요. 114에 전화해서 물어볼게요!"

리플 한마디

그날부로 김 차장은 부장 진급 0순위가 되었다.

민망해진 사장님

엄하기로 소문난 사장님이 직원들이 모두 모인 자리에서 어설픈 농담 한마디를 했다. 그러자 전 직원이 크게 웃었다. 하지만 한 여직원은 웃지 않고 사장님을 멀뚱멀뚱 쳐다보기만 했다. 민망해진 사장님이 그녀에게 물었다.

"자넨 유머감각도 없나?"

그러자 그 여직원이 기다렸다는 듯 큰 소리로 대답했다.

"어머, 사장님. 전 이번 주 금요일에 사직할 거예요!"

리플 한마디

억지로 웃는 웃음이 진급을 거듭하면 그 회사는 망한다.
-조크 웰컴의 말-

단호한 조치

새로 부임한 사장은 이유 여하를 막론하고 게으른 사원은 무조건 내보내기로 했다.
간부들을 대동하고 시설을 둘러보던 사장은 마침 벽에 기대서서 커피를 마시고 있는 젊은이를 발견하고, 자기가 얼마나 단호한 경영자인지 본때를 보여줘야겠다고 생각했다.
그래서 그에게 다가가서 물었다.
"자네, 월급을 얼마나 받나?"
"1백50만원 받습니다. 그런데 왜요?"
사장은 대꾸도 않고 즉석에서 1백50만원을 꺼내 그에게 건네준 다음 잘라 말했다.
"이 돈 가지고 썩 나가서 다시는 나타나지 말게!"
그러자 젊은이는 사장으로부터 돈을 챙겨 들고 휘파람을 불며 유유히 사라졌다.
사장은 자신이 여러 사람들 앞에서 제대로 본때를 보여줬다고 생각하고 스스로 만족해서 주위를 둘러본 다음, 열심히 일하고 있는 다른 사원에게 물었다.

"저 게으름뱅이는 여기서 무슨 일을 했었지?"

그러자 그 직원은 더욱 열심히 일손을 놀리며 대답했다.

"저 사람은 자장면 배달 왔던 사람인데요!"

리플 한마디

인생을 살다 보면 가끔 헛돈을 쓸 때도 있다.
-단호한 본때의 말-

신입사원의 대답

아침 회의 시간에 영업부장이 판매 실적이 너무 저조하다면서 영업부 직원들을 호되게 나무라고 있었다.

"난 여러분들이 대는 핑계에 이제 신물이 나요. 여러분들이 제대로 실적을 올릴 수 없다면 여러분 전원을 해고시키고 다른 영업 사원들을 데려올 수밖에 없어요. 우리 회사의 훌륭한 상품을 팔 수 있는 기회를 준다면 많은 사람들이 머리를 싸매고 덤벼들 겁니다."

이렇게 말하고 나서 영업부장은 최근에 새로 입사한 축구선수 출신 영업사원에게 물었다.

"축구팀이 계속 지기만 하면 어떻게 합니까? 선수들을 갈아 치우겠죠?"

그러자 축구선수 출신 신입사원이 대답했다.

"선수 개개인한테 문제가 있으면 그 선수를 갈아 치웁니다. 그러나 팀 전체에 문제가 있을 땐 대개 감독을 갈아 치웁니다!"

리플 한마디

그날 이후, 영업부 직원 전원을 교체하지 않았음에도 불구하고 판매 실적이 급상승했다.

두 어머니의 자식 걱정

이웃집 여자 둘이서 자식 걱정을 하고 있었다.
먼저 한 어머니가 걱정스러운 얼굴로 말했다.
"대학 다니는 아들 녀석이 항상 돈을 부쳐 달라는 편지만 보내니, 도대체 그 돈으로 뭘 하는지 모르겠어요."

그러자 다른 어머니가 더욱 걱정스러운 표정으로 말했다.
"그런 거라면 저는 걱정도 안 하겠어요. 대학생인 제 딸년은 한 번도 돈 보내 달라는 소리를 안 하니, 도대체 어디서 돈을 마련하는지 모르겠어요."

리플 한마디

애물단지의 유머사전적 의미는 '366일 걱정거리'이다.
-부모나라 속담-

이심배반

이웃집 여자 둘이서 대화를 나누었다.
"댁의 따님은 시집을 잘 갔다면서요?"
"아주 좋은 신랑을 만났어요. 아침 늦게까지 잠을 자게 하고, 부엌일은 아예 하지도 못하게 하면서 매일 저녁 외식을 한데요."

"그것 참 복이네요. 그런데 아드님은 장가를 잘 못 갔다면서요?"
"속상해 죽겠어요. 며느리가 게을러터져 가지고 매일 아침 늦잠을 자고 나서 부엌일은 아예 거들떠보려 하지도 않고, 저녁 때만 되면 남편을 졸라서 외식을 하려 들지 뭐예요!"

리플 한마디

한 나라의 두 가지 법률이 서로 등지고 있는 것을 이율배반(二律背反)이라 하고, 한 몸의 두 마음이 서로 등지고 있는 것을 이심배반(二心背反)이라 한다.

시어머니의 메모

어느 날 밤, 오랜만에 방 안에서 마주 앉은 젊은 부부가 다정하게 대화를 나누었다. 먼저 아내가 남편에게 물었다.

"자기야, 이 세상에서 누가 제일 좋아?"
"그야 물론 당신이지."
"그럼 그 다음은?"
"우리 귀여운 아들이지."
"그럼 세 번째는?"
"그야 물론 당신을 낳아주신 장모님이지."
"그럼 네 번째는?"
"음, 우리 집 애견 뽀삐!"
"그럼 다섯 번째는?"
"음, 날 낳아주신 우리 엄마!"

그런데 시어머니가 우연히 문밖에서 아들과 며느리의 대화를 들었다.

시어머니는 밤새 잠을 이룰 수가 없엇다. 아들보다 며느리가 더 미웠다.

다음날 아침, 시어머니는 외출하면서 냉장고에 다음과 같은 메모를 붙여놓고 나갔다.
"1번 보아라, 5번 노인정 간다!"

리플 한마디

그날 이후 며느리가 냉장고 문을 열 때마다 이런 소리가 들렸다.
"세월이 지나면 1번도 5번 된다."

두 팔이 없는 사나이

어떤 남자가 교통사고를 당해 한쪽 팔을 잃게 되었다. 자신의 처지를 비관하게 된 그는 자살을 하려고 건물 옥상으로 올라갔다. 그런데 뛰어내리려고 아래를 내려다보니 두 팔이 없는 사내가 뭐가 그리 좋은지 춤을 추듯 엉덩이를 흔들면서 걸어가고 있었다. 그는 자신의 행동에 부끄러움을 느껴 마음을 고쳐먹고 아래로 내려왔다.

내려와 보니 두 팔이 없는 사나이가 이번엔 엉덩이를 벽에 대고 춤을 추고 있는 게 아닌가? 자살을 하려던 남자는 궁금해서 두 팔이 없는 사내에게 다가가서 물었다.

"당신은 뭐가 좋아서 그렇게 춤을 추는 겁니까?"

그러자 두 팔이 없는 사내가 실눈을 뜨면서 대꾸했다.

"너도 이 상황에서 엉덩이가 가려워봐 임마!"

리플 한마디

자살을 하려던 남자는 또 한번 부끄러움을 느꼈다.

남자가 우는 이유

어떤 남자가 술집에서 술잔을 앞에 놓고 침울한 표정으로 앉아 있었다.
장난기 많은 한 술꾼이 그의 옆으로 다가가 남자의 술잔을 집어 들어 한입에 다 마셔버렸다. 그러자 남자는 갑자기 엉엉 울기 시작했다.

당황한 술꾼이 말했다.
"이봐, 왜 그래? 당신이 하도 우울해 하기에 그냥 장난 좀 쳐본 거야. 자, 그만 울게. 내가 술 한잔 살게."

그러나 남자는 계속 울면서 말했다.
"그게 아니라 오늘은 내 인생 최악의 날이라구요. 오늘 아침에는 늦잠을 자는 바람에 중요한 회의에 참석하지 못해서 결국 회사에서 잘렸어요. 그리고 사무실을 나와 보니 누가 내 차를 훔쳐갔지 뭐예요. 결국 택시를 타고 집에 왔죠. 그런데 내려서 보니 이번엔 지갑을 택시 안에 놓고 그냥 내렸지 뭐예요. 그리고 집에 들어가 보니 마누라가 다른 남자와 침대에 누워 있는 거예요. 그래서 콱 죽어버리려고 이 술집에 들어와서 술에 독약을 탔는데, 그것마저 당신이 빼앗아 간 거라구요. 이제 내 맘 알겠어요?"

리플 한마디

불행은 조폭처럼 떼로 몰려다닌다.

생활비 조달

아침나절부터 돈 타령을 하는 마누라를 보고 도둑 남편이 젊잖게 말했다.

"그렇게 보채지 말어, 은행 문 닫고 나면 좀 갖다 줄게!"

리플 한마디

도둑이 갖다 준 돈을 그의 아내가 다음날 은행에 예치하면, 은행으로선 전혀 손해 본 게 없는 셈이 된다.
-근무시간에 잠을 잔 경찰의 계산법-

8억원 만들기

어느 날, 하나님이 몇몇 사람들을 모아놓고 8천원을 주면서 1년 안에 8억원을 만들어오라고 했다. 그러자 모두들 기발한 방법을 동원했다.

착한 농부는 8천원을 땅에 심고 돈 나무가 자라서 8억원이 열릴 때까지 기다렸다.
양돈업자는 1천원짜리의 앞면과 뒷면이 포개지게 접을 붙인 다음 돼지우리에 넣고 열심히 사료를 주어 새끼를 낳도록 했다.
국민연금관리공단 직원은 8천원짜리 국민연금을 만들고 8억이 될 때까지 가입자를 늘려 나갔다.
부동산업자는 8천원으로 일단 북한산국립공원에 입장하여, 등산객 모두가 북한산을 강남 일대라고 믿을 때까지 계속 우겨댔다.
제비족은 8천원을 들고 돈 많은 과부를 잡기 위해 카바레로 직행했다.
특전사 하사관은 신참한테 8천원을 주면서 술과 담배, 과자,

통닭을 사고 8억원을 거슬러오라고 했다.
술주정꾼은 7일 동안 매일 1천원어치 깡소주를 마신 뒤, 나머지 1천원이 8억으로 보일 때까지 째려봤다.
이 중에서 누가 가장 먼저 성공했을까요?

리플 한마디

8일째 되는 날, 드디어 1천원이 8억원으로 보이기 시작했다.
-술주정꾼의 승리-

가련한 것들

모기 달려든다고 모기약 뿌리고 잠들었다 죽은 파리는 가련하다.
멀쩡한 사람 다 피했는데 술 취한 사람한테 밟혀 죽은 바퀴벌레도 가련하다.
잠 잘 자고 있는데 수면제 먹을 시간이라고 깨워서 일어난 환자도 가련하고, 소화제 먹고 체해서 죽은 약사도 가련하다.
그리고 10억원 들여 금배지 달고 1억원 뇌물 받다 구속된 국회의원은 더욱 가련하다.

리플 한마디

돌이 항아리 위에 떨어져도 그것은 항아리의 불행이고, 항아리가 돌 위에 떨어져도 그것은 항아리의 불행이다.
-옹기나라 속담-

여자와 면허증

한 중년 부인이 차를 몰고 가다가 교통신호 위반을 했다. 마침 근무 중이던 교통경찰이 다가와 그녀에게 말했다.
"신호위반을 하셨습니다. 면허증 좀 보여주세요."
그러자 그 여자는 교통경찰을 똑바로 쳐다보면서 말했다.
"아니, 이 사람이? 당신 내 남편이 누군 줄 알아?"
여자의 엄포에도 불구하고 교통경찰은 전혀 흔들림 없이 말했다.
"아주머니 남편이 누구든 나하곤 상관없어요. 면허증이나 보여주세요!"
그러자 여자는 한층 더 고자세를 취하면서 큰 소리로 말했다.
"이봐, 당신 어느 경찰서 소속이야?"
하지만 경찰은 조금도 밀리지 않고 말했다.
"면허증을 보여주시면 어느 경찰서 소속인지 알려드리죠. 어서 면허증 제시하세요!"

할 수 없이 면허증을 빼앗기게 된 여자는 갑자기 울음을 터뜨리면서 소리쳤다.

"하이고, 혼자 사는 여자라고 깔보는 것 좀 봐!"

리플 한마디

위반을 하면 면허증을 보여야 하고, 위선을 하면 마음을 보여야 한다.

바보 같은 소리

주차장에서 차를 빼려던 여자가 뒷차를 들이받더니, 다시 앞차에 가서 부딪쳤다. 그리고 겨우 큰길로 차를 뺀 다음, 이번에는 지나가는 차를 들이받았다.

멀리서 이 광경을 지켜보던 경찰이 다가와서 말했다.

"면허증 좀 봅시다."

그러자 여자가 경찰한테 소리를 꽥 질렀다.

"바보 같은 소리 말아요! 이 판국에 면허증 따위가 문제예요?"

리플 한마디

경찰은 종종 바보같은 소리를 할 때가 있다.

문맹자와 경찰관

어떤 사내가 공문서를 위조한 혐의로 경찰서에 붙잡혀 왔다. 한참만에 조서를 다 꾸미고 난 형사가 사내한테 말했다.
"이 진술서를 읽어본 다음 이의가 없으면 밑에다 주소와 성명을 기재하세요."

그러자 사내가 딴전을 피우면서 말했다.
"난 쓸 수는 있지만 읽을 줄은 모릅니다."
화가 난 형사가 좀 더 위협적인 목소리로 사내를 윽박질렀다.
"당신 이런 식으로 엉터리 수작부리면 당장 구속시켜 버릴 수도 있어!"

형사의 협박에 사내는 금방 풀이 죽어서 진술서 밑에다 뭔가 큼직한 글씨들을 찍찍 갈겨 썼다.
형사가 글씨를 알아볼 수가 없어서 그에게 물었다.
"도대체 뭐라고 쓴 거요?"
그러자 사내는 자신이 쓴 글씨를 들여다보더니 신경질적으로 대답했다.

"나도 모르겠어요. 난 쓸 수는 있지만 읽을 줄은 모른다고 말했잖아요!"

리플 한마디

잘 생각해보면 사내의 주장에는 틀린 데가 없다.

전과 후

50대로 보이는 남자가 20대로 보이는 청년을 등에 업고 허겁지겁 병원을 찾아왔다.
"의사 선생님, 우리 사위 녀석 좀 치료해세요. 내가 다리에 총을 한 방 쐈더니 죽는다고 아우성입니다."

의사는 간호사의 도움을 받아 청년을 침대에 눕히고 나서 남자를 나무랐다.
"아니, 장인이 사위한테 총질을 하다니, 도대체 왜 그런 짓을 하셨습니까?"
그러자 그 남자가 대답했다.
"내가 총을 쏘기 전까지만 해도 이 녀석은 내 사위가 아니었다구요!"

리플 한마디

울면서 겨자를 먹은 거나, 겨자를 먹고 나서 운 거나 눈물을 흘린 건 마찬가지다. -빗나간 총알의 말-

훌륭한 아이디어

어떤 농부가 자기 집 앞 도로를 무서운 속도로 달리는 자동차들에 대하여 어떻게든 제동을 걸기로 했다.
그는 고민끝에 아이들과 가축들을 마냥 위협하는 차들의 질주가 멎게 하기 위해 도로가에 큼직한 안내판을 세워놓았다. 그랬더니, 즉시 효과가 나타나 차들이 기어가듯 속도를 낮추었다.

안내판에 이렇게 표시해놓았던 것이다.
"천천히, 나체촌 길목!"

리플 한마디

너무 속도를 낮추면 시동이 꺼질 수도 있습니다.
-속도계의 충고-

골프광

함께 골프를 치러 가기로 한 친구가 약속 시간보다 늦게 도착하자 기다렸던 친구가 물었다.
"왜 이렇게 늦은 거야?"
"동전을 던져서 앞면이 나오면 교회를 가고, 뒷면이 나오면 골프를 치기로 했지. 그래서 늦은 거야."
"동전을 던졌는데 결국은 뒷면이 나왔다 이거군."
"아니, 계속 앞면이 나오기에 뒷면이 나올 때까지 던졌지!"

리플 한마디

인디언 기우제란 비가 올 때까지 지내는 기우제이다.

엄마의 태클

다섯 살짜리 어린 아들이 엄마한테 물었다.
"엄마, 아빤 왜 머리카락이 하나도 없어?"
"응, 그건 머리를 많이 쓰시기 때문이란다."
"그럼, 엄만 왜 그렇게 머리카락이 많아?"
"이 녀석, 저리 가지 못해!"

리플 한마디

어린 아들은 엄마 곁을 떠나면서 생각했다. 원만한 모자 관계를 유지하려면 참아야 한다고…

꼬마의 대답

툭하면 큰소리로 야단을 일삼는 무서운 선생님이 어느 날 꼬마에게 질문을 했다.
"지구가 둥글다는데, 그걸 어떻게 알 수 있지? 어디 말해봐!"
그러자 그 꼬마는 덜덜 떨면서 대답했다.
"아닙니다 선생님, 전 그런 소리 한 적 없어요!"

리플 한마디

지구가 둥글다는 건 발바닥 가운데가 움푹 파인 것으로 알 수 있다.

쉬는 날

어머니가 2층에서 내려다 보니, 일곱 살짜리 큰딸은 다섯 살짜리 동생을 자기들이 하는 놀이에 끼워주지 않고 있었다. 그래서 큰딸을 불러서 타일렀다.
"얘, 너는 어째서 동생을 안 데리고 노니?"
"너무 어려서 판을 깨니까 그렇죠."
"제발 참을성 있게 잘 데리고 놀아라."
얼마 후에 어머니가 다시 내려다보니, 작은 딸은 여전히 언니들의 놀이에 끼지 못하고 외톨이가 되어 한쪽 구석에 앉아 있었다. 어머니는 내려가서 작은딸에게 물었다.
"널 놀이에 끼워주지 않던?"
그러자 작은 딸이 대답했다.
"아냐 엄마, 난 식모인데 오늘은 쉬는 날이야!"

리플 한마디

어머니가 큰딸을 불러서 '끼워주자마자 쉬는 날이라고 하면 어떡하냐'고 야단을 쳤다. 그러자 큰 딸이 대답했다.
"엄마, 유급 휴가예요!"

속도 위반

어떤 부인이 어린 아들을 데리고 버스에 타더니, 한 사람 요금만 냈다. 운전사가 부인에게 말했다.
"아주머니, 꼬마가 일곱 살은 돼 보이는데 요금을 내셔야지요."
그러자 부인이 화를 내며 말했다.
"이애가 일곱 살이나 돼 보인다구요? 저는 결혼한 지 5년밖에 안 되었다구요."
그러자 운전사가 점잖게 말했다.
"아주머니, 저는 버스요금만 받으면 되지 고해성사에는 관심이 없습니다!"

리플 한마디

고해성사 절반의 책임은 부인의 남편에게 있다.

거짓말

다섯 살 난 아들이 거짓말하는 것을 알게 된 엄마는 큰 충격에 빠졌다. 고민 끝에 아들 녀석을 무릎 위에 앉혀놓고 거짓말을 하면 어떻게 되는지 똑똑히 설명했다.
"거짓말을 하면 너 어떻게 되는지 알아? 새빨간 눈에 뿔이 두 개 달린 사람이 밤에 몰래 와서 잡아가는 거야. 그리고 잡아간 아이들을 불이 활활 타는 골짜기에 가둬놓고 중노동을 시키지. 그래도 너 거짓말을 할 거야?"
그러자 아들이 풀죽은 목소리로 대답했다.
"알았어, 엄만 나보다 거짓말을 더 잘하네 뭐!"

리플 한마디

"누굴 닮아서 저렇게 영악한지 모르겠어!"
-대부분 엄마들의 푸념-

두 꼬마의 입씨름

고만고만한 꼬마 녀석 둘이서 입씨름을 하고 있었다. 먼저 모자를 쓴 꼬마가 멜빵을 멘 꼬마에게 말했다.
"우리 아빠랑 너의 아빠랑 하면 우리 아빠가 최고야!"
그러자 멜빵을 멘 꼬마가 지지 않고 말했다.
"아냐, 우리 형이랑 너의 형이랑 하면 우리 형이 최고야!"
그러자 모자를 쓴 꼬마가 가슴을 쑥 내밀며 더욱 큰 소리로 말했다.
"아냐, 우리 엄마랑 너의 엄마랑 하면 우리 엄마가 최고야!"
그러자 멜빵을 멘 꼬마가 머뭇거리더니 풀이 죽어서 말했다.
"그건 니 말이 맞아. 우리 아빠도 그랬어!"

리플 한마디

논쟁의 여지가 없는 것은 다만 증명할 수 없을 뿐이다.
-아빠들의 어려운 말-

원인

순찰을 돌던 경찰이, 싸우고 있는 두 사내 옆에서 '아빠! 아빠!'하며 울부짖는 꼬마를 발견했다.
경찰은 두 사람을 떼어놓고 꼬마에게 물었다.
"어느 쪽이 네 아빠냐?"
그러자 꼬마가 눈물을 닦으면서 대답했다.
"나도 몰라요, 그것 때문에 싸우고 있잖아요!"

리플 한마디

아이들도 어떨 땐 쉽게 설명할 수 있는 것을 어렵게 표현 할 때가 있다.

하나님의 소재

열살과 여덟살짜리 두 아들에게 시달리던 부부가 생각다 못해 엄하기로 소문난 목사님께 아이들의 버릇을 좀 고쳐달라고 부탁했다.

목사님은 아이들에게 하나님의 존재를 설명하면서, 악한 자의 처벌에 대해서도 가르쳐야겠다고 생각했다.

그래서 목사님은 먼저 동생을 방으로 불러 두 눈을 부릅뜨고 물었다.

"하나님이 어디 계시지?"

그러나 목사님의 엄한 물음에도 동생은 아랑곳하지 않고 멀뚱멀뚱 쳐다보기만 했다. 목사님은 자세를 가다듬고 다시 한 번 위엄 있는 목소리로 물었다.

"하나님이 어디 계시냐구?"

그래도 동생은 계속 딴전을 피우면서 모르겠다는 시늉을 했다. 목사님은 동생의 기를 완전히 꺾어버려야겠다는 생각으로, 방이 떠나갈 만큼 우렁찬 목소리로 물었다.

"하나님이 어디에 계시는지 어서 말해봐!"

그러자 동생이 갑자기 벌떡 일어나더니 옆방으로 달려갔다. 그리고 형에게 말했다.

"형, 큰일났어. 하나님이 실종됐는데, 목사님은 우리가 그런 줄 알고 있어!"

리플 한마디

형이 말했다.
"하나님은 예수님 좌편에 앉아 계신다고 그래! 우리 사도신경 배웠잖아."

꼬마의 공로

일요일 아침, 꼬마 녀석이 엄마 몰래 장난감 총을 숨겨가지고 교회에 들어갔다. 설교가 한창 진행되는 도중에 꼬마 녀석이 장난감 총을 꺼내 방아쇠를 당겼다. 그러자 갑자기 예배당 안에 요란한 총성이 울려 퍼졌고, 기겁을 한 신도들이 저마다 납작 엎드리거나 눈을 감고 두 손을 모아 쥐었다. 당황한 엄마는 부랴부랴 아들을 이끌고 예배당을 빠져나갔다.

두 사람이 문가에 이르렀을 때, 할아버지 한 분이 그들을 제지하면서 말했다.

"나갈 필요 없어요. 난 사람들이 오늘처럼 간절히 기도하는 것을 본적이 없어요. 댁의 아들은 목사님이 10년 동안 한 것보다도 더 큰일을 한 거라구요!"

리플 한마디

설교보다 위험이나 고난이 더 많은 사람을 하나님께로 인도한다.

본의 아닌 가르침

목사님이 교회학교 어린이들에게 말했다.
"어린이 여러분! 여러분은 흥분을 하거나, 욕설을 하거나, 성을 내서는 안 됩니다. 나는 절대로 그런 일이 없습니다."
바로 그때 곤충 한 마리가 날아와 목사님의 콧등에 앉았다.
"자아, 예를 들어보겠습니다. 내 코 위에 파리 한 마리가 앉아 있지요? 심술궂은 사람들은 파리한테 막 성을 낼 테지만 나는 그렇지 않아요. 나는 다만 '파리야 가거라… 아이구머니나! 이거 벌 아니야? 망할 놈의 것!'"

리플 한마디

아이들은 자지러졌고, 목사님은 아이들에게 어느 때보다도 더 큰 가름침을 주었다.

하나님과의 관계

독실한 기독교 신자인 한 부인이 있었다. 그녀는 틈만 나면 남편과 아들에게 하나님을 믿으라고 했지만, 두 사람은 요지부동이었다. 남편은 무신론자였고 아들은 아직 신앙이 뭔지 몰랐기 때문이었다. 어느 일요일 아침, 부인은 억지로 남편과 아들을 이끌고 교회에 나가서 가족들을 위해 열심히 기도했다.

"… 사랑하는 하나님 아버지, 우리의 영혼을 구원하여 주옵소서."

그러자 남편도 부인을 따라 기도하기 시작했다.

"… 사랑하는 장인어른, 우리의 영혼을 구원하여 주옵소서."

아들도 얼떨결에 아버지를 따라 기도했다.

"… 사랑하는 외할아버지, 우리의 영혼을 구원하여 주옵소서."

리플 한마디

하나님, 외갓집에 갈 때는 사다리로 말고, 우주선으로 갈 수 있게 해주옵소서! -아들의 추가 기도-

지구 최후의 날

지구에서 벌어지는 온갖 사악한 일 때문에 크게 실망한 하나님께서 지구를 멸망시키고 신천지를 만들기로 작정했다.

하나님은 즉각 홍보담당 천사를 불러, 프랑스와 미국의 주요 신문사에, 이틀 뒤에 지구를 멸망시킬 예정임을 알려주라는 지시를 내렸다.

이튿날 아침, 프랑스의 주요 신문에는 다음과 같은 타이틀의 기사가 실렸다.

"하나님께서 내일 지구를 멸망시킬 예정임. 파리에 있는 모든 백화점은 일찍 문을 닫도록!"

그리고 미국의 주요 신문에는 다음과 같은 타이틀의 기사가 실렸다.

"하나님께서 내일 지구를 멸망시킬 예정임. 미국변호사협회 하나님을 연방법원에 고발키로!"

리플 한마디

'지구 멸망 저지를 위한 범시민운동연합' 오늘 저녁 광화문 앞에서 대규모 촛불 집회 예정! -대한민국 한귀로신문-

박쥐 퇴치법

세 명의 목사가 점심식사를 하면서 애로사항을 이야기했다. 먼저 A교회 목사가 말했다.

"우리 교회는 박쥐들 때문에 골치가 아파요. 위층에 올라가면 박쥐가 얼마나 많은지 살충제를 뿌리고, 고양이를 풀고, 별짓을 다해도 그놈들은 안 나가요."

그러자 B교회 목사가 말했다.

"우리도 그래요. 교회 다락방에 박쥐가 득실거리는데, 아무리 연기를 피워도 꿈쩍 않아요."

그러자 C교회 목사가 말했다.

"그래요? 우리 교회 박쥐들은 자진해서 쉽게 가던데…"

"어떻게 했는데요?"

"박쥐들을 교인 명부에 등록시키고 세례를 준 다음, 매일 올라가서 설교를 했지요!"

리플 한마디

A, B교회 박쥐들은 핍박 앞에서도 주와 함께하는 것이고, C교회는 부흥이 안 되는 것이다.

아주 높은 사람

교황이 유엔으로부터 새해 연설을 해달라는 초청을 받았다. 뉴욕 공항에 도착한 교황은 개인적인 볼일도 있고 해서 수행원 없이 혼자 리무진 택시를 타기로 했다.

그런데 입국 수속이 지연되는 바람에 예정된 시간에 늦을 판이었다. 택시기사를 재촉했지만, 융통성 없는 택시기사는 제한속도를 지켜야 한다면서 도무지 빨리 달리지를 않았다.

다급해진 교황은 운전사를 뒷좌석으로 보내고 자신이 직접 운전대를 잡았다. 그리고 운전석에 앉자마자 갑자기 엄청난 속도로 유엔 본부를 향해 달리기 시작했다. 하지만 도중에 그만 교통경찰에게 잡히고 말았다.

교황을 알아본 교통경찰이 상부에 전화를 하자 그의 상관이 물었다.

"무슨 일이야?"

"네, 난폭운전 하는 차를 세웠는데, 어떻게 처리해야 할지 몰라서…"

"누군데, 시장이야?"

"그보다는 더 높습니다!"

"그럼 주지사야?"

"아닙니다, 더 거물입니다!"

"주지사보다 더 거물이라구? 그럼 상원의원? 설마 대통령은 아니겠지?"

"잘은 모르겠습니다만, 대통령 각하 이상인 것 같습니다!"

"도대체 무슨 소리야?"

"교황이 운전기사라니까요!"

리플 한마디

"딱지 떼! 기도하고…" –자동차 바퀴의 명령–

목사와 총알택시 운전사

매우 방탕하게 살아온 총알택시 운전사와 목사가 죽어서 함께 천국에 갔다.

그런데 하나님께서는 목사보다 총알택시 운전사를 더 많이 칭찬하셨다. 기가 막힌 목사가 그 이유를 묻자, 하나님께서 이렇게 말씀하셨다.

"너는 늘 많은 사람들을 졸게 했지만, 이 사람은 늘 많은 사람들을 기도하게 했느니라!"

리플 한마디

장난도 잘 치시는 하나님, 사랑하는 하나님!

목사와 할아버지

어떤 목사가 다른 교회의 부흥회를 인도하기 위해 차를 몰고 낯선 도시에 갔다가 길을 잃었다. 그는 지나가는 노인을 붙잡고 물었다.

"할아버지, 중앙교회가 어디 있는지 아세요? 여기서 제일 큰 교회라고 들었는데…"

"바로 뒤에 있잖소."

"아, 그렇군요. 그런데 혹시 교회에 나가십니까?"

"난, 교회를 싫어해요."

"할아버지, 오늘 저녁에 시간 있으면 제 설교 들으러 오세요. 제가 천국 가는 길을 가리켜드릴게요."

그러자 할아버지는 멈췄던 걸음을 옮기면서 중얼거렸다.

"바로 뒤에 있는 교회도 모르는 양반이 천국 가는 길을 어떻게 알아?"

리플 한마디

천국으로 가는 길은 이정표가 있다. 그것은 자신을 최대한 낮은 위치에 세웠을 때 보인다. -십자가의 말-

목사와 할머니

벽지 마을에 들어간 젊은 목사가 그곳 주민들을 상대로 선교 활동을 시작했는데, 그가 무엇보다 못마땅하게 생각한 것은 여자들의 흡연이었다.

어느 날 오후, 오두막 앞을 지나가던 목사는 식후의 담배를 즐기고 있는 할머니와 마주쳤다.

"할머니, 시기가 돼서 천당에 들어갈 때 숨을 헐떡거리며 고약한 담배 냄새를 풍겨서야 어디 통과시켜 주겠어요?"

그러자 할머니는 물고 있던 담배를 입에서 떼면서 말했다.

"이봐요 젊은이, 천당에 들어갈 땐 이승에서 숨을 거두고 가는 게야!"

리플 한마디

일단 1라운드는 할머니의 승! 그러나 자신이 제공하는 것에 비해 세상이 너무나 박절하고 알아주지 않는다 하더라도, 좌절하지 않고 그들을 사랑하는 사람, 그런 사람만이 선교사의 길을 갈 수 있다. -이정표의 판정-

축복

같은 교회에 다니는 여자 둘이서 이야기를 나누었다.
먼저 한 여자가 말했다.
"그 사고가 있은 직후, 우리집 양반은 의식을 회복하지 못한 채 세상을 떠나고 말았어요."

그러자 다른 여자가 말했다.
"그건 축복이에요. 자기가 죽은 걸 영원히 인식하지 못하니까요."

리플 한마디

황천 가는 길 순서가 없다 해도
종당엔 누구나 가야만 하는 길
억울해하지 말고 이치에 순응하세.
<첫 문장 '황'자부터 대각선으로 읽어보면 어떤 메시지가 들어 있다.>

동업자

어느 교회 앞에서 거지 두 명이 나란히 앉아 동냥을 하고 있었다. 한 사람의 손에는 성경이 들려 있었고, 다른 한 사람의 손에는 목탁이 들려 있었다.

아니나 다를까, 예배를 마치고 나오는 교인들은 한결같이 성경을 든 거지에게만 돈을 주고, 목탁을 든 거지에게는 돈을 주지 않았다.
한 시간쯤 지나 교인들이 모두 빠져나갈 즈음, 성경을 든 거지의 깡통에는 만족할 만큼 돈이 찼으나 목탁을 든 거지의 깡통은 땡전 한푼 없었다.

잠시 후, 목사로 보이는 사람이 나오면서 두 거지를 보더니 손에 목탁을 든 거지에게 충고를 했다.
"이봐요, 여기는 교회 앞이라구요. 당신이 목탁을 들고 있는 한 하루 종일 앉아 있어도 땡전 한푼 못 받을 거요. 분별력을 좀 키워요."

그러자 목탁을 든 거지가 성경을 든 거지에게 말했다.
"이봐, 다 나왔나봐. 이제 자리를 옮겨서 저쪽 절 앞으로 가자구!"

리플 한마디

거지는 거지같은 생각을 멈추지 않는 한 거지신세를 면하기 어렵다. -깡통의 말-

아가씨의 신심

어떤 아가씨가 일요일 아침에 늦잠을 자는 바람에 교회에 갈 시간이 늦었다. 그녀는 허둥지둥 옷을 갈아입고 집을 나와, 교회로 뛰어가면서 계속 중얼거렸다.
"하나님, 제발 늦지 않게 해주세요. 하나님, 제발 늦지 않게 해주세요…"
겨우 교회에 도착한 그녀는 계단을 뛰어 올라가다가 그만 넘어지고 말았다. 그러자 하늘을 올려다 보며 항변조로 말했다.
"하나님, 그렇다고 저를 미실 것까지는 없잖아요!"

리플 한마디

아가씨야말로 진실로 하나님의 살아계심을 믿는 사람이다.
-돌계단의 평가-

범인

어느 시골 교회에서 주일예배 때, 목사님이 잔뜩 화가 난 얼굴로 커다란 오이 하나를 높이 쳐들어 보이면서 말했다.

"어두운 암흑의 권세가 인간들을 뒤덮고 있습니다. 오늘 아침 우리 교회 텃밭에 있는 가장 크고 잘 익은 오이 세 개를 도둑맞았습니다. 하지만 나는 그게 누구의 짓인지 알고 있습니다. 나는 여기서 그 도둑의 이름을 부르고, 이 오이를 그 자에게 던질 것입니다."

목사님이 위협적으로 오이를 머리 위로 빙빙 돌리자, 앞에서 두 번째 줄에 앉아 있던 여자의 날카로운 목소리가 들려왔다.

"여보, 엎드려요욧!"

리플 한마디

범인이 여자의 남편이라고 속단하지 마라. 여자는 다만 남편의 앉은키가 크기 때문에 소리를 지른 것일 수도 있다.

거짓말 테스트

어떤 목사가 설교를 마무리하면서 교인들에게 말했다.
"다음주에는 '거짓말'이라는 죄에 대해 설교를 하고자 합니다. 설교에 대한 이해를 돕기 위해 모두들 마가복음 17장을 읽어오시기 바랍니다."
다음주 일요일 아침, 설교를 하기에 앞서 목사는 얼마나 많은 사람들이 마가복음 17장을 읽어왔는지 알아보려고 교인들에게 손을 들도록 했다.
그러자 전원이 손을 들었다. 목사는 싱긋 웃으며 말했다.
"마가복음은 16장밖에 없습니다. 자, 이제 '거짓말'이라는 죄에 대해 설교를 하도록 하겠습니다."

리플 한마디

시험을 참는 자에게 복이 있도다. -마가복음 17장 1절 말씀-

일요일 아침에 생긴 일

어느 일요일 아침, 큰 교회에 사람들이 넘쳐나도록 모여들었다. 목사가 막 설교를 시작하려는 순간, 트렌치코트 차림의 험상궂은 사내 둘이 교회 안으로 들어섰다. 한 사내는 뒤쪽에 남고, 다른 한 사내는 앞으로 뚜벅뚜벅 걸어 나갔다. 그러더니 두 사내는 갑자기 코트 안에 숨겼던 기관총을 꺼내 들었다. 앞으로 나온 사내가 소리쳤다.

"예수를 위해 총탄을 맞을 각오가 된 사람만 자리에 남아라!"

당황한 신도들은 급히 교회를 빠져나갔고, 합창단원과 부목사도 뒤따라 나갔다. 남은 사람은 순식간에 20명 정도로 줄어들었다. 목사는 여전히 설교단을 지키고 있었다.

앞으로 나온 사내는 천천히 총을 내리면서 목사에게 말했다.

"위선자들은 모두 나갔소. 이제 예배를 시작하시오!"

리플 한마디

교회를 빠져나간 사람들은 위선자라기보다 이왕 죽을 바엔 총탄보다는 십자가에 못 박혀 죽고 싶었을 것으로 믿는다.
-뒤쪽에 남은 사내의 확신-

인간의 도전

2060년 어느 날, 지구의 과학자들이 모여 토론을 했다. 그들은 이제 인간은 모든 일을 할 수 있게 되었으므로, 하나님은 더 이상 필요 없다는 결론을 내렸다. 그래서 과학자 대표가 하나님께 말했다.

"하나님, 이제 우리는 하나님이 필요 없다는 결론을 내렸습니다. 우리는 인간을 복제할 수도 있고, 다른 생명도 창조할 수 있습니다. 그러니 이제 인간에게서 떠나, 다른 세상에 가서 다른 일을 하시는 게 어떠신지요?"

과학자 대표의 말을 주의 깊게 듣고 난 하나님께서 조용히 말씀하셨다.

"좋다, 그럼 내가 한 가지 제안을 하겠다. 그대들과 내가 인간 만드는 시합을 하면 어떻겠느냐?"

과학자 대표가 자신있게 대답했다.

"좋습니다, 하나님!"

그러자 하나님께서 다시 말씀하셨다.

"그럼 너희들이 먼저, 내가 태초에 아담을 창조했을 때와 똑같이 한번 해보거라!"

"그런 것쯤이야 문제없죠!"

과학자 대표는 의기양양하게 대답하고 나서 즉시 땅의 흙덩어리를 집어 들었다. 그러자 하나님께서 엄하게 말씀하셨다.

"이봐, 내가 만든 흙으로 하지 말고 너희들이 만든 흙으로 해!"

리플 한마디

그 후 과학자들은 너무나 부끄러워 바벨탑 뒤에 숨었다. 그런데 즉시 바벨탑이 무너져버렸다.

원천징수

어느 날, 어떤 남자가 혼자 교회에 나와 열심히 기도를 하고 있었다. 그 모습을 기특하게 여긴 목사님은 그가 도대체 무슨 기도를 하는지 궁금해서 가까이 다가가 들어보았다.
그랬더니 그는 이렇게 기도하고 있었다.
"하나님, 제발 10억원짜리 복권에 당첨되게 해주십시오. 그렇게만 해주신다면 그중 10분의 1은 반드시 불쌍한 사람들을 위해 기부하겠습니다. 만약 믿지 못하시겠거든, 먼저 10분의 1을 원천징수하셔도 좋습니다."

리플 한마디

응답을 받고 복권을 사러 가던 남자는 복권 살 돈 1만원을 강도한테 빼앗겼다. -원천징수기 10장 9절 기록-

감사기도

명예퇴직 후, 조그만 가게를 차린 50대 남자가 하나님께 간절히 기도를 드렸다.

"하나님, 하루에 2백만원씩 벌게 해주시면 그중 1백만원은 하나님께 바치겠습니다."

다음날 그는 1백만원을 벌었다. 그러자 그 남자는 너무 기뻐서 하나님께 이렇게 감사기도를 드렸다.

"정말 대단하십니다 하나님, 먼저 주님의 몫을 떼어놓고 주시다니요!…"

리플 한마디

견강부회(牽强附會)는 저 혼자 먹는 회다.
-아전인수사전에 나오는 말-

대출 부탁

한 남자가 은행에 다니는 친구에게 말했다.
"여보게, 지금 회사가 부도 직전일세. 자네가 좀 도와주게!"
그러자 은행에 다니는 친구가 위로하며 말했다.
"걱정 말게, 하나님께서 곧 도와주실 거야."
그러자 그 남자가 바짝 다가서며 말했다.
"그래서 말인데, 하나님을 보증인으로 해서 자네가 돈 좀 빌려주면 안 될까?"
"안 될 거야 없지, 자네가 하나님을 보증한다면…"

리플 한마디

하나님을 보증하려면 믿음의 각인을 찍어야 하는데, 믿음에는 인주가 묻지 않는다. -보증복음 1장 1절 말씀-

하나님의 시간

계속해서 사업에 실패한 어느 사업가가 하나님께 여쭈었다.

"하나님, 한 가지 질문이 있습니다."

"그래, 무엇이냐? 말해보거라."

"인간 세상의 1억 년은 하나님께 얼마나 되는 시간인지요?"

"그야, 1초밖에 안 되지."

"그럼, 인간의 1억 원은 하나님께 얼마나 되는 금액인지요?"

"그야, 1원밖에 안 되지."

"그럼 제게 1원만 주십시오, 하나님!"

"알았다. 얼마 안 되는 금액이니까 주도록 하지."

"하나님 정말 고맙습니다. 그런데 언제 주실 건가요?"

"1초만 기다려라!"

리플 한마디

기다림을 한 줄에 구슬처럼 꿰어
하루가 천 년에 닿도록
길고 긴 사무침에 목이 빠지면
모른 척 이 소원을 들어주소서!
-실패한 사업가의 기도-

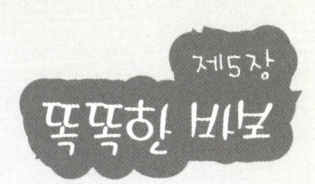

제5장
똑똑한 바보

손이 발이 되도록 빌어도 손은 결코 발이 되지 않는다.

거절

어떤 바보가 판매원 일자리를 구하면서 주인에게 물었다.
"얼마 주실 건데요?"
"자네 값어치만큼 주지."
그러자 바보는 고개를 가로저으면서 말했다.
"그럼 안 되겠어요. 그렇게 적게 받아가지고서야 누가 일을 하겠어요?"

리플 한마디

주인도 바보다. '자네 값어치보단 더 주지.' 이것이 지혜자의 말이다.

판매 비결

어느 아이스크림 상점에서 다른 여점원들은 무료하게 몸을 비비꼬고 있는 판에, 유독 한 여점원 앞에는 손님들이 길게 늘어서곤 했다.
이 사실을 눈치 챈 사장이 그녀를 불러 칭찬의 말과 함께 비결이 뭐냐고 물었다. 그러자 그녀는 이렇게 대답했다.
"별것 아니에요. 다른 애들은 아이스크림을 듬뿍 올려놓고 덜어내지만, 저는 언제나 조금 모자라게 올려놓고 한 주걱 더 드리거든요!"

리플 한마디

나이스 크림!(nice cream!) -주걱의 말-

여자의 재치

어떤 중년 부인이 지나가는 중년 남자를 붙잡고 말했다.
"어머나, 너 고등학교 때 우리 반 반장이었던 준태로구나. 어쩌면 이렇게 변했니? 그 많던 새까만 머리숱이 이제는 대머리가 되었네. 그 날렵하던 몸매는 어디로 가고 이렇게 뚱보가 돼버렸니? 이렇게 달라지다니 정말 놀랍구나."
그러자 느닷없는 공세에 중년 남자가 황당해 하며 말했다.
"여보세요, 내 이름은 준태가 아니라 기태라구요!"
순간 여자는 자기가 사람을 잘못 봤다는 사실을 깨달았고, 실수를 했다고 생각하니 너무나 당황스러웠다. 그래서 얼른 이렇게 둘러댔다.
"어머, 그럼 너 이름까지도 바꿨단 말이니?"

리플 한마디

손이 발이 되도록 빌어도, 손은 결코 발이 되지 않는다. 그리고 기태도 준태가 되지 않는다.

현대과학의 이해

'물질문명의 발전과 현대인의 무지'란 TV 프로그램을 보고 있던 부인이 남편에게 말했다.

"요즘 사람들은 너나할 것 없이 다른 사람이 하는 일에 대해서는 전혀 모르고 있으니 큰일이에요. 모두들 자신의 특정분야에 대해서만 전문가일 뿐, 다른 사람의 일에 대해서는 무지한 인간이 돼버렸어요."

그러자 남편이 아내의 말에 동감을 표하며 거들었다.

"당신 말이 맞아. 나도 내 자신이 현대과학을 따라가지 못하고 있다는 게 부끄러워요. 전등을 예로 들더라도 나는 어떻게 해서 불이 켜지는지 전혀 모르겠거든!"

그러자 부인은 한심하다는 듯 말했다.

"여보, 그건 어려울 게 없어요. 스위치만 올리면 되잖아요!"

리플 한마디

당신이 만일 똑똑한 아내와 살고 있다면, 따지지 말고 말없이 그녀의 스위치가 되어주어라. -행복전기 발생의 원리-

혐의 부인

남의 자동차를 훔친 혐의로 붙잡혀온 사내가 경찰에게 극구 변명을 했다.

"난 도둑질을 한 게 아닙니다. 묘지 앞에 세워져 있기에 임자가 죽은 줄 알았다구요!"

리플 한마디

경찰은 사내의 말을 생각하고 또 생각해보았다. 그러나 그의 말에서 절도죄의 단서를 잡을 수가 없었다. 그래서 그를 풀어주었다.

증인

원고 측 변호사가 말했다.
"판사님, 피고가 돈을 훔치는 것을 본 사람을 자그마치 다섯 명이나 증인으로 댈 수 있습니다."
그러자 피고는 자신에 대하여 이렇게 변론했다.
"판사님, 저는 제가 돈을 훔치는 것을 보지 못한 사람 열 명을 증인으로 댈 수 있습니다."

리플 한마디

판사는 일찍이 이렇게 헷갈려 본 적이 없었다. 피고의 자기 변론이 너무나도 명쾌했기 때문에…

약장수의 신상 기록

불로장생 약을 팔고 다니는 떠돌이 약장수가 사기 혐의로 경찰에 잡혀왔다. 전산망을 통해 약장수의 신상 기록을 살피던 형사가 갑자기 뭔가에 충격을 받은 듯 기절해버렸다.
기록에는 다음과 같은 내용이 적혀 있었기 때문이다.
"651년 첫 번째 구속, 1530년 두 번째 구속, 1942년 세 번째 구속."
옆에 있던 다른 형사가 약장수에게 물었다
"당신 어떻게 된 거요?"
그러자 약장수가 퉁명스럽게 대답했다.
"거 보세요, 저는 사람들을 속이지 않는다고 말했잖아요!"

리플 한마디

약장수는 형사한데 약 2통을 팔고 풀려났다.

산부인과에서 생긴 일

어떤 산부인과 병원에서 일어난 일이다. 갓난아기가 태어났는데, 그 아기의 아버지는 범죄사에 남을 만한 소매치기의 명수였다. 아무튼 아기는 태어난 지 열흘이 지나도록 오른손을 펴지 않았다. 그래서 어머니는 슬픔에 잠겼다. 간호사가 오자 어머니가 슬픈 표정으로 말했다.
"이 아이는 한쪽 손을 펴지 못해요. 아무래도 불구인 것 같아요."
간호사는 어머니를 도와 천신만고 끝에 간신히 아기의 손을 폈다. 그런데 아기의 손아귀에는 산부인과 의사의 금반지가 꼭 쥐어져 있었다.

리플 한마디

아기가 의사의 금반지를 소매치기 했다고? 말도 안 되는 소리!

오판의 원인

도둑질을 일삼아온 어떤 노인이 이제 그 짓을 제대로 할 수 없게 되자 굶주리게 되었다. 이 딱한 사정을 알게 된 선량한 부자가 노인에게 매일 먹을 것을 보내줬다.

그러다가 부자와 노인은 같은 날 죽어서 함께 저승으로 갔다.

그런데 뜻밖에도 먼저 심판대에 오른 부자에게 지옥행이 언도되었다.

그가 저승사자에게 이끌려 막 지옥 어귀에 이르렀을 때, 천사가 급히 달려와 그를 다시 재판소로 데리고 갔다. 심판대 앞에 선 부자는 조금 전에 내린 결정이 취소되었음을 알게 되었다.

이유인즉슨, 이승에서 그가 도와줬던 노인이 그의 선행기록을 빼돌렸기 때문이었다.

리플 한마디

노인에게는 영원히 지옥에 간 사람들의 악행 기록을 빼내오는 형벌이 주어졌다. -사도무문(邪盜無門) 4조 4항에 의거-

추위의 정도

북극 탐험가가 남극 탐험가에게 말했다.
"우리가 북극 지방에 도착했을 때 말이야, 추위가 얼마나 지독한지 촛불이 얼어서 아무리 불어도 꺼지질 않더군!"

그러자 남극 탐험가가 응수했다.
"그건 아무것도 아냐. 우리가 갔던 남극 지방에서는 입으로 내뱉는 말이 모두 얼음 조각이 되어서 튀어나오는데, 그걸 프라이팬에 녹이지 않고서는 무슨 말인지 전혀 알아들을 수가 없더라구!"

리플 한마디

춥다. 글자가 얼기 시작한다. 자음과 모음이 얼어서 부러진다.

회사의 크기

두 사내가 서로 자기네 회사가 크다고 말싸움을 벌이고 있었다. 먼저 한 사내가 자기네 회사는 서류 작성에 쓰는 잉크 값만도 1년에 3억원을 소비한다고 자랑했다.

그러자 다른 사내가 그건 별거 아니라는 듯 말했다.

"그건 아무것도 아니야. 우리 회사는 i자에 점을 찍지 않고 t자에 횡선을 긋지 않는 것만으로도 1년에 그 정도 잉크 값은 절약한다구!"

리플 한마디

잉크는 정든 잉크병을 버리고 주유 탱크로 이사를 갔다.

서비스의 속도

한 생명보험회사 직원이 라이벌 회사 직원에게 자랑을 했다.
"우리 회사보다 보상이 빠른 회사는 없을 겁니다. 우리 회사는 고객이 월요일에 죽으면, 화요일 아침에 유족에게 보험금 전액을 지급해줍니다."
그러자 라이벌 회사 직원이 별로 놀랄 바가 못된다는 듯이 말했다.
"우리 회사는 초고층 빌딩 45층에 있습니다. 그런데 지난주에 70층에 있는 고객이 창문으로 뛰어내렸습니다. 그래서 우리가 어떻게 한 줄 아세요? 45층을 지날 때 보험금 수표를 건네줬습니다."

리플 한마디

속도보다 중요한 것은 금액이다. -고객의 말-

최대의 불황

시장 상인 몇 명이 포장마차에 앉아 소주잔을 기울이고 있었다. 그들은 외환위기 때보다 더 어렵다는 요즘 경제 상황을 얘기하며, 누구의 장사가 더 불황인지를 다투고 있었다.
먼저 스포츠용품점 주인이 말했다.
"우리 스포츠용품 업계는 88올림픽 이후 최대 불황이야!"
그러자 주유소 주인이 말했다.
"말도 마, 유류업계는 70년대 석유파동 이후 최대 불황이라구!"
그러자 전자대리점 사장이 말했다.
"뭐, 그 정도를 가지고 그러나? 우리 전자업계는 일제시대 이후 최대 불황일세."
그러자 서점 주인이 쐐기를 박듯 말했다.
"엄살들 떨지 마, 서점업계는 한글 창제 이래 최대 불황이라구!"

리플 한마디

그럼 백수(白手)업계는 단군 이래 최대 호황이다.
-소주잔의 참견-

부자의 사연

한 젊은 남자가 돈 많은 갑부에게, 어떻게 해서 그렇게 많은 돈을 벌게 되었는지 물었다. 그러자 돈 많은 갑부가 말했다.
"그게 아마 1982년이었을 게야. 사회적으론 엄청난 불황이었고, 내 손엔 딱 1백원밖에 없었지. 난 1백원을 가지고 사과 한 개를 샀다네. 그리고 하루 종일 그 사과를 닦고 광을 내서 저녁에 2백원을 받고 팔았지. 다음날엔 2백원으로 사과 두개를 사서 닦고 광을 낸 다음, 저녁에는 4백원에 팔고… 이런 식으로 한 달 동안 사과를 사고 팔고 했더니 내 수중에 100만 원이라는 돈이 들어오더군."
"그런 다음에는요?"
젊은이가 눈을 반짝이며 물었다.
"글쎄, 운이라고나 할까? 1년 후에 우리 장인이 20억원을 유산으로 남기고 죽었다네…"

리플 한마디

결혼과 의미심장한 우연에 주목하라. -행운의 제3법칙-

부자가 되는 비결

어떤 사람이 돈 많은 부자를 찾아가서 물었다.
"어떻게 하면 부자가 될 수 있는지 알고 싶어서 찾아왔습니다."
그러자 부자는 한마디로 잘라 말했다.
"그건 아주 쉽소. 오줌을 눌 때 한 쪽 다리를 들면 되는 거요!"
"그게 무슨 말씀이죠. 그건 개들이나 하는 짓이 아닙니까?"
"바로 그거요. 사람다운 짓만 해가지고는 절대로 부자가 될 수 없다는 겁니다!"

리플 한마디

머니(money)라는 신을 숭상하기 시작한 인간들은 드디어, 망설임 없이 휴머니즘(humanism)을 버리고 도기즘(dogism)을 선택했다. -현대 원시종교의 태동에 관한 고찰-

슬픈 이유

선남선녀들의 뜨거운 사랑을 내용으로 하는 영화를 보고 나온 노인이 길가에 주저앉아 엉엉 울고 있는 꼬마를 보고, 무엇 때문에 울고 있느냐고 물었다.
그러자 꼬마는 더욱 슬피 울면서 말했다.
"대학생 형들처럼 할 수가 없어서요."
이 말을 들은 노인은 갑자기 그 꼬마 옆에 주저앉아 함께 엉엉 울기 시작했다.

리플 한마디

꼬마와 노인은 울음을 그치길 바란다. 대학생 형들은 멋진 덩크슛도 할 수 있고 뜨거운 사랑도 할 수 있지만, 오줌을 바지에 싼다거나 틀니를 물에 씻어서 다시 끼우는 짓은 절대로 하지 못하지 않는가?

영락한 두 노인

전에는 제법 부귀를 누렸지만, 이제는 영락한 두 노인이 공원 벤치에 앉아 서로 자신들의 신세를 한탄하고 있었다.

먼저 한 노인이 입을 열었다.

"나는 누가 충고를 해도 귀를 기울이지 않다 보니 이 꼴이 되었다우."

그러자 상대편 노인이 응수했다.

"제기랄, 나는 남의 말만 듣다 보니 이 꼴이 되었지 뭐유!"

리플 한마디

중용은 어디서 오며
도량은 어디서 오나?
눈이 오나 비가 오나
말없이 여기 앉아
내 그림자 지킨 뜻은
중용 도량 미처 몰라
영락 인생 쉬임일세.
-공원 벤치의 자작시-

서로 다른 두 사람

잘난 체 잘하는 사람이 말했다.
"나는 세상 사람들이 흔히 갖고 있는 그런 아집 같은 건 갖고 있지 않아요. 같은 일이라도 어떤 사람은 이렇게만, 또 어떤 사람은 저렇게만 하지만, 나는 어느 쪽이든 다 할 수 있어요."
그러자 비평 잘하는 사람이 말했다.
"그래요? 그럼 당신은 어느 손으로 커피를 젓지요?"
"어떤 때는 오른손으로 젓고, 또 어떤 때는 왼손으로 젓지요. 그런 건 내게 문제가 되질 않아요. 융통성의 문제 아닌가요?"
그러자 비평 잘하는 사람이 말했다.
"당신은 정말 특이한 사람이군요. 대부분의 사람들은 티스푼으로 젓는데…"

리플 한마디

잘난 체 잘하는 사람은 정말 특이한 사람이고, 비평 잘하는 사람은 정말 엉뚱한 사람이다.

깨달음의 소감

깨달음을 얻은 스님에게 그의 제자가 물었다.
"스님, 깨달음을 얻었을 때의 그 느낌은 어떠했는지요?"
그러자 스님은 매우 허탈한 표정을 지으면서 대답했다.
"한마디로 헛물을 켠 느낌이었느니라."
"그럴 리가요? 전 도무지 이해가 안 갑니다."
의아한 표정을 짓는 제자에게 스님이 이어서 말했다.
"그것은 마치 무척 애를 먹다가 겨우 집안으로 들어간 것과 같은 이치였기 때문이니라. 사다리를 타고 올라가 창문을 두들겨 깨고 간신히 집안으로 들어갔는데, 알고 보니 애당초 현관문은 열려 있었던 게야!"

리플 한마디

모든 것은 에고(ego)에 달려있다. 우리는 한 종지밖에 되지 않는 마음을 채우기 위해 평생 바닷물만큼 헛물을 들이켠다.
-깨진 항아리의 말-

훌륭한 계시

어떤 구도자(求道者)가 길을 가다 농부를 만나 이야기를 나누었다. 이야기 끝에 농부가 말했다.

"그렇다면, 비가 오는 날 우산을 쓰지 않은 채 팔을 벌리고 얼굴을 하늘로 향하십시오. 그러면 어떤 훌륭한 계시를 받게 될 것입니다."

그래서 구도자는 비가 쏟아지는 날을 기다렸다가 농부가 시키는 대로 했다. 그리고 다음날 농부를 찾아가서 따져 물었다.

"당신이 하라는 대로, 팔을 벌리고 얼굴을 들어 비를 흠뻑 맞았소. 그런데 계시는커녕 내가 바보가 아닌가 하는 생각이 들었소. 어찌 된 일이오?"

그러자 농부가 대답했다.

"바로 그겁니다. 당신이 자신을 바보라고 생각했다면, 그건 참으로 훌륭한 계시를 받은 거요!"

리플 한마디

구도란 내 안의 바보가 인정될 때까지 바보의 길을 가는 것이다.
-쏟아지는 빗방울의 말-

소원 말하기

어떤 마을에 위대한 음악가가 되기를 꿈꾸는 사람과, 유명한 배우가 되기를 꿈꾸는 사람과, 최고의 권력을 꿈꾸는 사람, 이렇게 셋이 서로 라이벌 관계로 살고 있었다. 그리고 마을 입구에는 자신의 소원을 과거형으로 말하면 그 소원을 들어주는 커다란 바위가 있었다.

먼저 위대한 음악가가 되기를 꿈꾸는 사람이 바위 앞에 무릎을 꿇고 '저는 모차르트처럼 위대한 음악가가 되고 싶었습니다.'라고 말했다. 그러자 그는 위대한 음악가가 되었다.

그 소식을 전해 들은 유명한 배우가 되기를 꿈꾸는 사람은 다음날 즉시 바위 앞으로 달려가 '저는 브래드 피트보다도 더 유명한 배우가 되고 싶었습니다.'라고 말했다. 그러자 그도 유명한 배우가 되었다.

음악가와 배우의 소식을 들은, 최고의 권력을 꿈꾸는 사람은 이제 한시도 지체할 수가 없었다. 그래서 그는 당장 바위 앞으로 달려가 소리 높여 외쳤다.
"나는 루이 14세와 같은 최고의 권력자가 되고 싶소!"
그러나 한참을 기다려도 웬일인지 아무런 변화가 없었다. 조급해진 그는 바위를 향해 버럭 소리를 질렀다.
"이게 뭐야? 나만 바보 됐잖아!"
그러자 그는 즉시 바보가 되었고, 마을은 제법 평온해졌다.

리플 한마디

그가 바위에게 화를 냈을 때.
그는 그만 바보가 되었다.
바윗돌도 화가 났던 것이다. 그가 과거형으로 말하지 않았기 때문에.
<첫 문장 '그'자부터 대각선으로 읽어보면 어떤 메시지가 들어 있다.>

현자의 훈계

어느 날 아침, 어떤 현자를 자처하는 사람이 자기한테 배달된 익명의 편지를 뜯어보았다. 그런데 편지에는 다만 '바보!' 라는 단어만 쓰여있었다.

그날, 현자는 자식들을 불러놓고 편지를 내보이며 말했다.

"나는 지금까지 내용을 다 쓰고 나서 자기 이름을 안 쓴 편지를 많이 받아보았다. 그런데 오늘은 자기 이름만 쓰고 내용을 안 쓴 편지를 한 통 받았다. 너희들은 이렇게 본말이 전도된 편지를 귀감으로 삼기 바란다."

리플 한마디

어찌하여 가리키는 달은 못 보고 손가락을 보느냐?
-바보의 호통-

뼈다귀

스스로를 뼈다귀라고 생각하는 어떤 남자가 여러 해 동안 정신과 치료를 받은 결과 거의 완치되었다. 그래서 의사가 마지막으로 그를 테스트했다.

"당신은 뭐지요?"

"저는 사람입니다."

이제 됐다고 판단한 의사는 그를 집으로 돌려보냈다. 그런데 나간 지 채 5분도 되지 않아 사내가 공포에 질린 표정으로 뛰어 들어오면서 소리쳤다.

"이것보세요, 의사 선생님! 밖에 개가 있다고 말씀해줬어야지요. 간신히 도망쳐 왔잖아요!"

"그렇지만 이제 당신은 자신이 뼈다귀가 아니라는 걸 알고 있잖소?"

"나만 알고 있으면 뭐해요? 개들은 내가 뼈다귀가 아니라는 사실을 모르는데…"

리플 한마디

비웃지 마라! 스스로의 바른 신념에 먹이를 주지 않는 한, 우리 모두는 뼈다귀이다.

고양이 찾기

신학자와 철학자 사이에 항상 벌어지게 마련인, 그런 상투적인 논쟁이 또 벌어졌다.

신학자가 철학자에게 '철학자란 마치 어두운 방 안에서 존재하지도 않는 고양이를 찾아 더듬거리고 있는 장님과도 같다.'라는 속담을 들먹거렸다.

그러자 철학자가 신학자에게 이렇게 응수했다.

"맞습니다. 그런데 신학자들은 그 어둠 속에서 있지도 않은 고양이를 잘도 찾아냅디다."

리플 한마디

몹시 기분이 상한 고양이가 한마디했다.
"왜, 가만 있는 날 갖구 그래?"

원점

어느 도시에 유신론자와 무신론자가 살고 있었다.
어느 날, 유신론자와 무신론자는 열띤 토론을 벌였다. 유신론자는 어떻게 신이 존재하는지를 설명했고, 무신론자는 어떻게 신이 존재하지 않는지를 설명했다.
그 결과 두 사람은 똑같이 상대방에게 설득 당하고 말았다. 그래서 유신론자는 무신론자가 되었고, 무신론자는 유신론자가 되었다.
시민들은 처음엔 두 사람이 서로 상대방을 이해하게 된 것을 기뻐했다. 그러나 곧 달라진 게 아무것도 없다는 사실을 깨달았다. 이번엔 유신론자가 된 무신론자가가 열심히 신이 존재한다는 것을 설명하며 다녔고, 무신론자가 된 유신론자가 열심히 신이 존재하지 않는다는 것을 설명하며 다녔기 때문이다.

리플 한마디

유(有)와 무(無), 그것은 다 공(空)이다.
-생각의 허상인 관념의 말-

가장 좋아하는 단어

어느 날, 하나님이 지구를 방문해서 종교인, 기업가, 연예인, 백수, 정치인 이렇게 다섯 명에게 각각 '가장 좋아하는 단어가 무엇이냐'고 물었다.

그러자 종교인은 '믿음'이라고 대답했고, 기업가는 '이윤'이라고 대답했고, 연예인은 '인기'라고 대답했고, 백수는 '용돈'이라고 대답했고, 정치인은 '비자금'이라고 대답했다.

리플 한마디

병아리는 '삐약'이라고 대답했고, 노처녀는 '혼약'이라고 대답했다.

우주인 선발

미] 항공우주국 나사(NASA)에서 화성에 사람을 보내려는 계획을 세웠다. 그런데 우주선에는 단 한 사람밖에 탈 수 없고, 게다가 다시는 돌아오지 못할 가능성이 높은 위험한 프로젝트였다. 나사는 이 계획에 참여할 우주인을 선발하기 위해 지원자들을 상대로 면접을 실시했다.

첫 번째 지원자는 공학자였다. 나사 관계자는 우선 참여 대가로 얼마를 받기를 원하느냐고 물었다. 그러자 공학자는 다음과 같이 대답했다.
"1천만 달러입니다. 저는 이 금액을 모두 제 모교에 기부하고 싶습니다."

두 번째 지원자는 의사였다. 그는 똑같은 질문에 대하여 이렇게 대답했다.
"2천만 달러입니다. 1천만 달러는 제 가족에게 물려주고, 나머지 1천만 달러는 의학 연구 발전을 위해 쓰겠습니다."

세 번째 지원자는 정치인 이었다. 그는 똑같은 질문에 대하여 3천만 달러를 받고 싶다고 말했다. 나사 관계자가 왜 그렇게 많은 돈을 원하느냐고 묻자 정치인은 이렇게 대답했다.
"내게 3천만 달러를 주면, 그중 1천만 달러는 당신에게 드리겠습니다. 그리고 1천만 달러는 내가 갖고, 나머지 1천만 달러는 공학자를 화성에 보내는 데 쓰겠습니다."

리플 한마디

이럴 때 생각나는 화성나라 속담 한마디.
"하룻강아지 몽둥이가 무서운 줄 모른다."

당첨금 분배 방법

목사와 자선사업가와 정치가가 한자리에 모여, 만약 자기가 복권에 당첨되면 그 돈을 어떻게 할 것인가에 대해 진지하게 의견을 나누었다.

먼저 목사가 말했다.
"나는 땅 위에 직선을 긋고 돈 뭉치를 공중으로 던져서, 한쪽에 떨어지는 것은 선교활동을 지원하는 데 쓰고, 다른 한쪽에 떨어지는 것은 교회를 짓는 데 쓰겠습니다."

그러자 자선사업가가 나서며 말했다.
"나도 목사님과 비슷합니다. 다만 땅 위에 직선 대신 동그라미를 긋고, 돈 뭉치를 공중으로 던져서 그 안에 떨어지는 것은 불우한 이웃을 돕는데 쓰고, 나머지는 내 몫으로 하겠습니다."

그러자 이번엔 정치가가 나서며 말했다.
"나도 두 분의 방법과 별반 다른데가 없습니다. 나는 공중의 어느 높이만큼을 설정하고, 돈 뭉치를 위로 던져 그 위에 머물러 있는 것은 국가의 몫으로 하고, 떨어지는 것은 내 몫으로 하겠습니다."

리플 한마디

나는 정치인을 내 몫으로 하겠다. -강도의 말-

바로 그것

한국 정치가가 미국 정치가의 초청을 받고 그의 집을 방문하였다.
한국 정치가는 미국 정치가의 화려한 저택에 놀라 부러움을 감추지 못하며 물었다.
"어떻게 이런 대단한 집을 소유하게 되었습니까?"

그러자 미국 정치가는 한국 정치가를 데리고 창가로 갔다.
"저기 저 고속도로가 보이죠?"
"예, 근사하군요."
"바로 저겁니다. 정부로부터 고속도로 건설 비용 20억 달러를 타냈는데, 고속도로 건설엔 10억 달러밖에 들지 않았습니다. 10억 달러는 내게로 왔죠."

그로부터 몇 년 뒤, 미국 정치가가 한국 정치가의 초청을 받고 그의 집을 방문하게 되었다.
미국 정치가는 왕궁과도 같은 한국 정치가의 으리으리한 저택에 놀라 입을 다물 수가 없었다.

"도대체 어떻게 된 겁니까? 3년 전 당신은 내 집을 보고 무척 부러워하지 않았습니까?"

그러자 한국 정치가는 미국 정치가를 데리고 창가로 갔다.

"저기 저 고속도로가 보이죠?"

"고속도로라니요, 아무것도 안 보이는데요?"

"바로 그겁니다!"

리플 한마디

쇠창살이 튼튼한 한 평짜리 방으로 달려가는 고속도로 차창엔 차가운 겨울비가 말없이 눈물처럼 흘렀다.

실수했을 때

목사가 정치가에게 물었다.
"정치가님은 연설을 할 때 가끔 실수를 하는 경우가 있습니까?"
"있지요."
"그럴 땐 어떻게 하시죠?"
"글쎄요, 큰 실수 같으면 시정을 하고 대수롭지 않은 실수면 그냥 내버려둡니다. 그럼 목사님께서는 설교를 하다 실수를 하면 어떻게 하시죠?"
"저도 그렇게 합니다. 요전에 설교를 하다가 그만 '정치가는 거짓말쟁이의 아버지'라고 실언하고 말았습니다. 그런데 대수롭지 않은 거라 그냥 내버려뒀지요!"

리플 한마디

어느 날 하나님이 인간 세계로 거짓말 보따리 세 개를 떨어뜨렸다. 그러자 그것을 얼른 주워간 사람은 사기꾼과 중매쟁이와 정치가였다.

공약 이행

어떤 대통령 후보자가 서민들을 위해 아파트 값을 파격적으로 내리겠다고 공약했다. 하지만 지지율이 오르지 않자 이번에는 아파트 값을 껌 값처럼 하겠다고 공약했다.
그러자 당장 무주택자들로부터 열렬한 지지를 받아 선거에서 승리하게 되었다.

그 후 대통령이 된 그는 자신의 공약을 기억하고 껌 값을 5억원으로 올렸다.

리플 한마디

그 후 자일리톨 껌 주변에 강남 아줌마들이 몰리는가 하면, 커피껌 주변에 떳다방들이 속속 생겨나기도 했다.

원장의 항변

어느 정치가가 정신병원 환자들을 상대로 연설을 하도록 초대받았다.

그가 정부의 사회복지 정책에 대해 연설을 시작하고 10분쯤 지났을 무렵, 뒤쪽에 있던 한 환자가 일어나더니 고함을 쳤다.

"이봐, 당신 지금 무슨 이야기를 하고 있는 거야? 쓸데없는 소리 그만 하고 돌아가시지!"

당황한 정치가는 잠시 머뭇거리더니 병원장을 쏘아보며 말했다.

"저 사람을 내보낼 때까지 기다리겠소!"

그러자 병원장이 말했다.

"내보내라고요? 그건 좀 곤란한데요. 저 불쌍한 친구는 여기 8년 동안 있었지만 제정신으로 말한 것은 이번이 처음입니다."

리플 한마디

보내기 싫으면, 가위나 바위를 내면 된다.
-다른 똑똑한 환자의 말-

농촌 유세

국회의원 선거에 출마한 어떤 정치인이 농촌을 방문해 유세를 펼쳤다.

"농민 여러분! 여러분들을 대변하려면 농촌 사정을 어느 정도 아는 사람을 국회로 보내야 합니다. 저는 밭을 갈 줄도 알고, 곡식을 거두는 일과 소젖 짜는 일, 그리고 말에게 신발을 신기는 일 등 농사일은 뭐든지 할 수가 있습니다. 제가 할 수 없다고 생각하는 것이 있으면 한번 말씀해보시죠."

그러자 유세장 뒷쪽에서 갑자기 퉁명스러운 말이 튀어나왔다.

"그럼 후보께서는 계란도 낳을 수 있나요?"

리플 한마디

노래를 잘 못하면 음치, 기계를 잘 못 다루면 기계치, 알을 낳을 줄 모르면 알치, 정치를 잘 못하면 정치(政癡).

두 표의 주인공

국회의원 선거에 출마했던 어떤 후보가 개표 뒤에 풀이 죽어서 집에 돌아왔다.

그의 아내가 물었다.

"그래, 당신 몇 표나 얻었어요?"

"두 표 얻었어!"

그러자 아내는 다짜고짜 남편의 뺨을 때렸다.

"아니, 왜 때리는 거야?"

그러자 아내는 식식대며 소리쳤다.

"당신 계집 생겼잖아!"

리플 한마디

남편은 억울해서 엉엉 울었다. 한 표는 자기가 자기한테 찍은 것이고, 다른 한 표는 믿을 만한 후배한테 뇌물을 주고 얻은 것인데 아내는 그걸…

부정 선거

정치인들이 선거 절차의 공정성을 놓고 열띤 토론을 벌였지만, 그들의 의견은 찬반 동수로 갈렸다.

그때 한 정치인이 말했다.

"난 선거에 부정이 있다는 걸 잘 알고 있습니다. 왜냐하면 지난번 선거 때 내가 입후보해서 나한테 세 표를 던졌는데, 개표해 놓고 보니 한 표밖에 안 나오더라구요!"

리플 한마디

두 표는 어디로 갔을까? 한 표는 주인을 배신하고 상대편 후보에게 갔고, 나머지 한 표는 정치판에 환멸을 느껴 속세를 떠난 것이다.

세금 문제

어떤 국회의원 후보의 유세를 듣고 난 신문기자가 그에게 물었다.
"요즘 국민들 사이에 세금 문제가 대단히 민감한 사안인데, 후보께서는 그 문제에 대해 어떻게 생각하시는지요?"
그러자 후보자는 기자의 질문을 이렇게 받아넘겼다.
"국민들 가운데 어떤 사람은 세금을 내려야 한다는 주장이고, 또 어떤 사람은 세금 인하에 대해 반대 의견을 가지고 있다는 걸 저는 잘 알고 있습니다. 이 문제에 대해 저는 많이 생각해보았습니다. 제가 지금 국민들께 말씀드릴 수 있는 건 저 역시 그렇다는 것입니다."

리플 한마디

잘난 송아지 엉덩이에
뿔났단 말 듣기 싫거든
그렇다는 말 다시 마소.
<첫 문장 '잘'자부터 대각선으로 읽어보면 어떤 메시지가 들어 있다.>

불량식품

식인종 부자(父子)가 여행길에 정치인을 만났다.
아들 식인종이 아빠 식인종에게 말했다.
"아빠, 우리 배고픈데 저거 먹고 가자!"

그러자 아빠 식인종이 손사래를 치면서 말했다.
"아서라, 저건 불량식품이란다!"

리플 한마디

"씻어서 먹어도 안 되나요?" -배고픈 식인종 아들의 애원-

멋진 반격

수의사 출신인 정치 초년생이 국회의원 선거에 출마했다. 그런데 경쟁 상대는 3선에 빛나는 현역의원이었다.
합동 유세장에서 수의사 출신 후보가 막 연설을 마치고 물러나려 할 때, 상대 후보가 많은 사람들 앞에서 그의 어깨를 툭 치며 말했다.
"당신, 수의사 출신이지? 가축들 병이나 고치지 무슨 정치를 한다고 여길 왔어?"
상대 후보의 예상치 못한 돌출 행동이었다. 자칫 대중들 앞에서 우물쭈물했다가는 득표에 치명적인 손상을 입을 판이었다. 청중들은 흥미진진하게 정치 초년생의 반응을 살폈다. 그러자 수의사 출신 후보가 침착한 어조로 이렇게 말했다.
"왜요, 어디 아프세요?"

리플 한마디

적이 쏜 화살의 방향을 되돌려놓으면, 상대가 시위를 당긴 만큼 손상을 입힐 수 있다. -반사병법(反射兵法)-

독재자의 우표

어떤 독재자가 자신의 얼굴이 나오는 우표를 만들게 한 다음, 국민들이 과연 어떤 반응을 보이는지 궁금했다. 그래서 하루는 거리에 나가 우표 파는 상점 주인에게 물어보았다.

"우표는 잘 팔리는가?"

"사는 사람은 많습니다. 그런데 우표가 종이에 잘 붙지 않는다고 불평이 심합니다."

독재자는 우표가 잘 팔린다는 말에는 기분이 좋았지만, 잘 붙지 않는다는 말에는 기분이 상했다. 그래서 우표 한 장을 달라고 해서 침을 발라 종이에 탁 붙였는데 기가 막히게 잘 붙었다.

"아니, 이렇게 잘 붙는데 무슨 소린가?"

그러자 상점 주인이 쩔쩔매면서 대답했다.

"사람들이 우표 뒷면에 침을 바르지 않고 앞면에다 침을 퉤 퉤 뱉기 때문입니다!"

리플 한마디

이건 전적으로 국민들이 무지한 때문이라 판단한 독재자는 장관을 시켜 '우표 뒷면에 침바르기 계몽운동'을 전개하라고 지시했다.

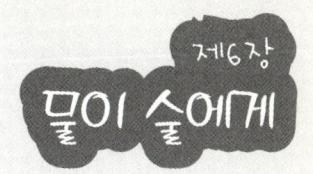

제6장
물이 술에게

그는 소주병을 보고 반가워서 이렇게 말했다.
"아니, 자꾸가 언제 여길 왔어?"

취선의 대답

주정뱅이가 취선에게 물었다.
"대사님, 술을 마시면 취하는 건 왜 그렇지요?"
"우리들 몸속 오른쪽에는 선(善), 왼쪽에는 악(惡)이 들어 있는데, 술이 몸속에 차면 홍수가 되어 선과 악을 마구 섞어놓기 때문이다. 그러면 사리를 분별할 수 없게 되고, 이런 상태를 명정(酩酊), 즉 술이 취했다고 하는 것이니라."
"그래요? 그렇지만 대사님 말씀대로 몸속에 액체가 차서 그렇게 되는 것이라면, 술이 아니라 물을 마셔도 그렇게 되어야 하지 않나요?"
"그래서 너는 주정뱅이라는 거다. 물을 마시고 취하는 사람이 이 세상에 어디 있느냐?"

리플 한마디

술이 물에게 말했다.
"정말 헷갈린다. 그치?"

남편들에게 물어보니

100명의 남편들을 상대로 자기 아내가 술 마시는 것을 좋아하는지 물어보았다.

그랬더니 40명의 남편은 아내가 술 마시는 것을 좋아하지 않았다. 그리고 12명의 남편은 아내가 술 마시는 것을 좋아했다. 그리고 나머지 48명의 남편은 아내보다 술을 더 좋아했다.

리플 한마디

'술을 싫어하는 아내들의 모임'에서 100개의 물병에게 물어보았다. 그랬더니 100개의 물병 모두가 술보다 물을 더 좋아했다.

남편의 말문

이웃집 여자 둘이 모처럼 만나 서로 흉금을 털어놓았다.
먼저 한 여자가 말했다.
"세상 남자들이 모두 다 술 마시는 나쁜 버릇을 버렸으면 좋겠어요."
그러자 다른 여자가 맞장구를 쳤다.
"어머, 저하고 동감이에요. 저도 지난주에 남편 술주정 때문에 한바탕 싸움을 했지 뭐예요. 그리고 남편하고 일주일 내내 입을 다문 채 한 마디도 안 했는데, 남편이 못 견디겠던지 결국 어제 저녁엔 말문을 열더라구요."
"뭐라고 했는데요?"
"소주잔 어딨어?…"

리플 한마디

술은 바보의 혀이며, 건달의 마음이다. -주자(酒子)의 말씀-

사내가 우는 뜻은

술집 어두운 구석에서 빈 술잔을 앞에 놓고 조용히 흐느끼는 사내가 있었다.

웨이터가 조용히 다가가서 물었다.

"무슨 사연이죠?"

그러자 사내는 계속 훌쩍거리면서 대답했다.

"어제 양주 한 병을 받고 아내를 팔았거든요."

"그래서 지금은 아내가 그리워 우시는 거군요. 무척 사랑하셨나 보죠?"

"아뇨, 지금 또 술 한 병을 마시고 싶어서요!"

리플 한마디

한 잔이면 딱 좋고, 두 잔은 너무 많지만, 세 잔은 부족하다.
-빈 술잔의 말-

확실한 증거

회식자리에 참석했던 남편이 술에 취해서 밤늦게 집에 돌아왔다. 집 앞 계단을 오르던 그는 그만 넘어져서 얼굴을 다쳤다. 정신이 몽롱한 중에도 얼른 지혈을 하고 상처를 깨끗이 씻어야겠다는 생각에 비틀비틀 욕실로 들어가 한참을 수고한 뒤에야 겨우 일을 마쳤다.

다음날 아침 아내는 남편을 보고, 허구한 날 술에 취해 다닌다며 심하게 나무랐다. 그러자 남편은 어젯밤엔 술을 입에도 대지 않았다고 딱 잡아뗐다.

그러자 부인이 한심하다는 듯이 말했다.

"아니, 정신이 멀쩡한 양반이 어째서 반창고를 온통 욕실 거울에다 붙여놓은 거죠?"

리플 한마디

가끔 아내를 속이는 일이 귀신을 속이는 일보다 더 어려울 때가 있다. -반창고의 말-

아내의 착각

어떤 사내가 저녁식사를 하고 나면 으레 동네 술집에 나가 시간을 보내곤 했다. 그것을 못마땅하게 여긴 아내가 어느 날 밤 직접 술집에 나가 남편이 무슨 짓을 하는지 알아보았다.

남편은 바에서 술을 마시고 있었다. 그녀가 남편 곁에 다가가서 뭘 마시느냐고 물으니 위스키란다. 그녀는 화가 나서 남편 앞에 놓인 위스키잔을 빼앗아 한 모금 꿀꺽 마시더니 오만상을 다 찌푸렸다.

그러자 남편이 기다렸다는 듯이 말했다.

"거봐, 내가 매일 밤 여기 와서 무슨 큰 재미라도 보는 줄 알았어?"

리플 한마디

위스키는 비로소 알게 되었다. 남편이 매일 밤 혼자 고행을 했다는 것을…

알코올 중독자의 퇴원

한 알코올 중독자가 있었다. 그는 자기 아내를 맥주병이라고 불렀다. 그는 병원에 입원 중이었는데, 너무 지겨워서 의사에게 언제 퇴원할 수 있느냐고 물었다.

그러자 의사는 아내를 아내라고 부를 수 있을 때 퇴원시켜 주겠다고 대답했다.

한 달 후, 그는 드디어 아내를 아내라고 부를 수 있게 되었다. 그래서 퇴원하려고 짐을 꾸리는데, 침대 모서리에서 소주병 하나가 튀어나왔다. 그는 소주병을 보고 반가워서 이렇게 말했다.

"아니, 처제가 언제 여길 왔어?"

리플 한마디

새우깡이 유머책을 읽고 있는데. 옆에 있던 맥주병이 병뚜껑을 들고 일어났다. 그러자 같이 있던 소주병이 맥주병에게 물었다.
"언니, 어디 가?"
맥주병이 혀 꼬부라진 소리로 대답했다.
"응, 언니 요 앞 편의점에 가서 술 좀 더 사올게. 병뚜껑 하나면 캔 맥주 두 개 줄지도 몰라!"

양주를 탄 수박화채

어떤 집들이 파티에서 그집 아내는 실수로 수박화채에 양주를 탄 사실을 뒤늦게 알았다.
그녀는 조마조마해하면서 손님들의 반응을 기다렸다가, 음식을 나르고 주방으로 막 돌아온 남편에게 물었다.
"여보, 손님들이 수박화채에 대해 아무 말 않던가요?"
그러자 남편이 대답했다.
"아무 소리 없던데… 다들 슬금슬금 수박씨를 호주머니에 집어 넣느라고 정신이 없었어!"

리플 한마디
술수박을 따기 위해
수박씨를 심었더니
파란 싹은 안 나오고
밭이랑만 취해서
횡설수설 하더라.
-보드카 월령가-

마리아의 기적

해외여행을 나갔던 관광객이 고급 양주를 몰래 가지고 들어오다가 세관원에게 들켰다. 세관원이 관광객에게 물었다.
"병 속에 든 게 뭐죠?"
"성 마리아 사원의 성수입니다"
세관원은 병 속에 든 내용물을 조금 맛보더니, 관광객에게 험악한 표정을 지으면서 다그쳤다.
"성수라고요? 이건 술이잖아요!"
그러자 관광객이 깜짝 놀라며 소리쳤다.
"맙소사, 성모 마리아님의 성력으로 또 기적이 일어났군요!"

리플 한마디

신은 단지 물을 만들었을 뿐인데, 인간은 술을 만들었도다.
-알코올사도의 말-

술꾼의 걱정

초등학생이 길을 가는데 술에 취한 어떤 아저씨가 한쪽 다리는 도로를 따라, 다른 한쪽 다리는 하수구 도랑을 따라 걷고 있었다. 이상하게 생각한 초등학생이 그에게 다가가서 물었다.
"아저씨, 왜 한쪽 다리를 도랑에 넣고 걸으세요?"
그러자 술에 취한 아저씨가 대답했다.
"내가 지금 그렇게 걷고 있냐?"
"그럼요. 왜 그러세요?"
초등학생의 말을 들은 술꾼은 갑자기 환호성을 지르며 말했다.
"감사합니다, 하나님! 저는 제 한쪽 다리가 짧아진 줄 알고 무척 걱정하고 있었습니다!"

리플 한마디

그렇다. 술은 종종 술꾼의 다리를 짝짝이로 만들기도 한다.

벽 속에 갇힌 사나이

밤늦게 엉망으로 취한 어떤 사내가 전봇대를 손으로 더듬거리며 빙빙 돌고 있었다.

그는 계속 전봇대를 더듬으며 중얼거렸다.
"젠장, 완전히 벽 속에 갇혀버렸어!"

리플 한마디

아니다. 멀쩡한 전봇대가 사내의 취기 안에 갇혀버린 것이다.

할아버지의 말씀

어느 골목길에서, 술에 취한 노인이 비틀거리며 걷고 있는 것을 본 소년이 얼른 달려가서 부축하며 말했다.
"할아버지, 제가 좀 도와드릴게요"
그러자 할아버지가 말했다.
"나는 괜찮다. 대신 제 멋대로 흔들거리는 저 전봇대나 좀 잡아주려무나."

리플 한마디

나는 절대 전봇대를 흔들지 않았다.
-지나가는 바람의 말-

사다리

주정뱅이 두 사람이 술에 취해서 엉금엉금 철길을 기어가고 있었다.
앞서 가던 친구가 뒤따라 오는 친구에게 말했다.
"야, 무슨 사다리가 이렇게 길지? 너무 힘들다 좀 쉬었다 가자."
그러자 뒤따라 오던 친구가 말했다.
"야, 저기 밑에서 엘리베이터가 올라온다. 우리 저거 타고 가자!"

긴 기적소리를 울리며
엘리베이터가 지나가자
천지는 고요한
적막 속에 잠겼다.
-사다리가 죽으면서 남긴 유시(遺詩)-

술꾼의 맹세

한 사내가 매주 토요일 밤마다 술집에 들러, 매일 그 집에 나타나는 다른 술꾼과 함께 술에 취하곤 했다. 몇 달을 이와같이 하다가, 어느 날 밤 여느 때와 마찬가지로 그가 술집에 들렀는데 사람들이 이렇게 말했다.

"당신 친구가 죽었어요. 혈액과 호흡에 알코올이 얼마나 배었는지 어젯밤 잠자리에 들면서 촛불을 끄다가 그만 호흡에 불이 붙어 타죽고 말았다는군요."

그 말을 들은 사내는 당장 주인에게 성경책을 갖다달라고 했다. 그리고는 그 위에 손을 얹고 이렇게 맹세했다.

"하나님, 저는 절대로 촛불을 입으로 불어서 끄지 않을 것을 맹세합니다!"

리플 한마디

맹세의 스위치를 내려도 악습의 촛불은 꺼지지 않는다.
-술 친구가 죽으면서 남긴 말-

그럴듯한 아이디어

술꾼으로 소문난 어떤 사내가 어느 날 친구를 만났다.
친구가 물었다.
"자네 술 끊었다며?"
"1년간만 끊기로 했네."
"거 왜 그렇게 했나? 2년간으로 해놓고 밤마다 마시면 1년간 끊는거나 마찬가지잖아."
"음, 그거 아주 그럴싸한데… 그럼, 차라리 4년으로 해놓고 밤낮 조금씩 마시면 어떨까?"

리플 한마디

말 안 할 사람과 말을 하는 것은 말을 잃어버리는 것이요. 말 할 사람과 말을 하지 않는 것은 사람을 잃어버리는 것이다.
-<끝내기 처세술>에 나오는 말-

아버지의 훈계

아버지가 아들에게 올바른 주법(酒法)을 가르칠양으로 어린 아들을 데리고 레스토랑에 가서, 자기는 독한 술을 시키고 아들에겐 콜라를 시켜주었다.
술을 몇 잔 마시고 나서 아버지가 아들에게 조용히 타일렀다.
"얘야, 너 내 말 잘 듣거라. 사람마다 나쁜 버릇이 있게 마련인데, 특히 상습적으로 술에 취하는 건 아주 나쁜 거란다. 알겠니?"

"알았어요, 아버지."

"그래, 착하구나. 저쪽에서 술을 마시는 저 사람들을 좀 봐라. 얼굴이 홍당무처럼 빨갛지 않니?"

"그러네요. 그런데 왜 그렇죠?"

"그게 말이야, 고주망태가 돼서 그렇단다. 저 꼴이 되면 누구든

자기가 하는 짓이 뭔지 모르는 거야. 다리는 흐느적거리고 귀는 멍하고 손은 떨리게 되지. 자, 여기 술병이 두 개 있지 않니? 이게 저 사람들 눈엔 세 개로 보인단 말이야. 알겠니?"

그러자 아들이 말했다.
"그렇지만 아버지, 여긴 술병이 하나밖에 없어요!"

리플 한마디

만일 바담풍이 바람풍해도 바담풍이 될 진저, 아버지는 아들 앞에서 망신을 떨고 있구나.

불량배들과 아저씨

술에 취한 아저씨가 집에 돌아가는 도중에 불량배들의 습격을 받았다. 그는 돈을 빼앗으려 달려드는 불량배들에게 맹렬히 저항했지만 결국은 호주머니를 털리게 되었다.

불량배들은 이토록 반항하는 걸 보면 분명히 돈을 많이 갖고 있을 것이라 판단하고, 열심히 주머니를 뒤졌으나 돈은 겨우 3천원밖에 나오지 않았다. 기가 막힌 불량배 두목이 그에게 물었다.

"아저씨, 겨우 3천원을 가지고 왜 그렇게 죽기 살기로 반항을 한 거요?"

그러자 술 취한 아저씨가 옷을 툭툭 털고 일어나면서 말했다.

"난 자네들이 내 양말 속에 숨겨놓은 1백만원짜리 수표를 뺏으려는 줄 알았지!"

리플 한마디

복싱에서 게임이 끝난 후에 주먹질을 하는 것은 반칙이다.
-양말 속 수표의 말-

심야의 전화

어느 술집 지배인이 숙소에서 새벽에 한 손님으로부터 전화를 받았다.

"바의 문은 몇 시에 여는 거요?"

지배인은 짜증이 났지만, 그래도 친절하게 대답했다.

"내일 오후 두시에 엽니다."

한 시간쯤 지나자 다시 전화벨이 울렸고, 좀전의 그 목소리가 다시 물었다.

"바의 문은 도대체 몇 시에 여는 거요?"

지배인은 화가 났지만, 그래도 여전히 친절하게 대답했다.

"이봐요 손님, 내일 오후 두시 전에는 바에 들어갈 수 없다고 말씀드렸잖아요!"

그러자 상대편의 목소리가 높아지더니 이렇게 소리쳤다.

"여보쇼, 난 지금 여기서 나가야 한단 말이오!"

리플 한마디

술에 취해 화를 내는 자는 분별력이 없는 자이며, 술에 취해 따지는 자는 지혜가 없는 자이다. -주자(酒子)의 말씀-

곧 일어날 소동

어떤 사내가 술집 안으로 달려 들어와 숨을 헐떡거리며 웨이터에게 말했다.
"곧 난리가 날 판이니 얼른 술이나 한 잔 주시오!"
웨이터는 사내가 하도 다급해하기에 얼른 술을 한 잔 따라주었다. 그러자 그 술을 냉큼 받아 마신 사내는 불안한 듯 다시 출입문 쪽을 바라보면서 말했다.
"이제 잠시 후면 난리가 한판 벌어질 겁니다. 그러니 한 잔만 더 주시오!"
웨이터는 긴장감과 불안을 느끼면서 사내에게 술을 한 잔 더 따라주었다. 그리고 그에게 물었다.
"누구에게 쫓기는 건가요? 무슨 난리가 난다는 거죠?"
그러자 사내가 대답했다.
"지금 곧 난리가 나겠죠. 나는 땡전 한 푼 없으니까요!"

리플 한마디

그 후 사내는 웨이터에게 죽도록 얻어맞았다.

음주 측정

어떤 부부가 어린 아들과 함께 차를 타고 가다가 음주운전 단속에 걸렸다. 경찰이 음주측정기를 들이대며 말했다.
"부시지요!"
남편이 음주측정기에 입을 대고 훅 불었다. 그러자 '삐이익' 소리가 났다.
경찰이 말했다.
"잠깐 내리시죠!"
남편은 운전석에 그대로 앉은 채 말했다.
"난 술 안 마셨습니다. 기계가 문제라구요. 여보, 당신이 한 번 불어봐."
아내가 음주측정기에 입을 대고 훅 불었다. 그러자 여전히 '삐이익' 하고 소리가 났다.
경찰이 말했다.
"두 분 다 드셨군요. 함께 본서로 가시죠!"
그러나 남편은 오히려 목소리를 높이며 경찰에게 말했다.
"당신 정말 왜 이래? 야, 철수야 너도 한번 불어봐라."

아들 철수가 주저 없이 음주측정기에 입을 대고 훅 불었다. 그러자 여전히 '삐이익' 소리가 났다.
남편이 경찰한테 거세게 항의하면서 말했다.
"거 보세요, 기계가 문제라구 했잖아요!"
경찰은 음주측정기를 들여다보며 고개를 갸우뚱하고 나서 말했다.
"죄송합니다, 실례했습니다."

그로부터 얼마후, 남편이 차를 몰고 한참을 가다가 아내를 돌아보며 말했다.
"거 봐, 쟤도 한 잔 먹이길 잘했지?"

리플 한마디

남편 혼자 술을 마시면 그건 음주다. 남편과 아내가 술을 마시면 그건 기분전환이다. 남편과 아내와 아들이 함께 술을 마시면 그건 파티다. -콩가루나라 속담-

과속한 이유는

도로 위를 과속으로 달리던 차가 교통경찰의 제지를 받고 멈춰 섰다.

운전자가 술에 취해 있는 것을 본 경찰관은 그가 속도감을 제대로 느끼고 있는지 알기위해 야단조로 물었다.

"이봐요, 시속 150Km요. 알기나 해요?"

그러자 술에 취한 운전자가 이렇게 대답했다.

"알구 말구요. 그래서 사고가 나기 전에 얼른 집으로 가려던 참입니다!"

리플 한마디

술은 술병과 같아서 목과 배만 있고 머리가 없다.
-음주측정기의 말-

정글 탐험

혼자서 아마존 정글로 탐험을 떠나기로한 남자가 의사에게 물었다.

"만약 독사에게 물리면 어떻게 해야 되죠?"

"즉시 배낭에서 위스키 병을 꺼내십시오."

"얼른 술을 상처에 바르라는 말씀이군요?"

"아닙니다. 위스키 한 병을 단숨에 들이키십시오."

"그러면 독이 가시게 되나요?"

"아닙니다. 좀 더 즐거운 기분으로 죽게 된다는 겁니다!"

리플 한마디

더 좋은 방법은 미리 술을 마시고 취해서 정글로 들어가는 것이다. -독사의 말-

세상의 중심에서 유머를 외쳐라

인간의 몸에는 약 6백50개의 근육이 있다. 우리가 웃을 때는 그중에서 약 2백30개의 근육이 움직이기 때문에, 웃고 난 뒤에는 긴장된 근육이 이완되어 편안함을 느끼게 되고 소화기가 왕성해진다.

아드레날린과 엔도르핀은 인간의 감정과 밀접한 관계를 가지고 있는 생체 호르몬이다. 우울할 때는 건강에 부정적 효과를 주는 아드레날린이 많이 분비되어 심장병, 고혈압, 관절염, 편두통 등을 일으키고 노화가 촉진되지만, 웃을 때는 건강에 긍정적 효과를 주는 엔도르핀이 많이 분비되어 통증을 완화시킬 뿐만 아니라, 신경 활동을 조절하여 근심과 걱정을 덜어준다.

웃음은 바이러스와 같은 것이다. 그것은 우리가 바나나 껍질 위에서 미끄러지는 깃보다 더 빠르게 군중 사이로 퍼져 나간다. 라디오와 TV 쇼 연출가들은 이 사실을 잘 알고 있기 때문에, 종종 녹음된 웃음소리를 들려주어 웃음이 전염되게 만든다. 웃음이 많으면 많을수록 집단 내의 유대감도 더욱 강하게 형성된다. 최초의 웃음이 유대감으로 이어지고, 그것은 더욱 많은 웃음을 유발시킨다. 이러한 반복 순환은 웃음이 가지는 독특한 특성이다.

우리 모두 세상의 중심에서 유머를 외치자. 좋은 유머를 퍼뜨리는 일은 가치 있는 일이다. 남을 웃게 만들어 그들에게 엔도르핀을 많이 돌게 하면, 개개인이 건강해지고 사회가 건강해질 것이다.

리플 한마디

웃음은 두 사람 사이의 거리를 가장 빨리 좁혀주는 지름길이다.
-빅터 보즈-

엮은이 박영만

충북 제천에서 태어나 제천고등학교와 상지대학교 영문과를 졸업했으며, 오랜 출판계 생활을 거쳐 현재는 드림북코리아 대표를 맡고 있다. 지은 책으로 〈유머 복음〉, 〈우리의 삶에 행복을 채우는 詩 138편〉, 〈누구나 꼭 알아야 할 외래어 상식 220가지〉가 있고, 번역한 책으로는 O.헨리 단편집 〈도시는 아득히 먼 곳에 있었다〉가 있다.
HP : 010-3734-8303 E-mail : yangpa6@hanmail.net